子ども虐待

西澤 哲

講談社現代新書
2076

目次

第７章　本来の自分を取り戻すために ——

本書で紹介する事例は、プライバシー保護などの観点から、仮名を用い、年齢や家族構成など情報の一部を改変している。

プロローグ

翔太くんの場合

翔太くんは一〇歳の男の子である。彼は、五歳のときに、私が当時かかわっていた児童養護施設にやってきた。母親からの身体的虐待を受けていたためである。

当時の翔太くんのからだには、おびただしい数のあざや火傷《やけど》の痕《あと》があった。

特に目をひいたのは、両手首の深い切り傷と、腹部の広範囲におよぶ火傷痕であった。両手首の傷は、手首の周囲をぐるっと一周するかたちでついていた。翔太くんが保育所で他の子どもに暴力をふるったとの連絡が保育所からあった際に、激昂《げきこう》した母親が、「そんな悪いことをする手はいらない」と包丁で切ったとのことであった。

また、腹部の火傷痕――三角形になっており、その内部には小さな円形の痕が並んでいた――は、その形状からも明らかなように、アイロンを押しつけられたことによって生じたものであった。室内で遊んでいた翔太くんが、立てかけてあったアイロンをはずみで倒してしまったとき、母親が、それがいかに危ない行為であるかを「教えるため」に、翔太くんの腹部にアイロンを押しあてたのだという。

美優さんの場合

美優さんは八歳の女の子である。彼女は、六歳で児童養護施設にやってくるまでは、二〇代前半の若い母親（母親が美優さんを産んだのは高校在学中、一六歳のときのことであった）と、四歳の弟と二歳の妹の四人家族で生活していた。

三人のきょうだいの父親は、それぞれ異なるとのことであったが、父親たちが子どもたちと生活をともにしたことはなく、所在はいっさい不明であった。母親はキャバクラやその他の風俗店に勤務し、生活費を得ていた。

子どもたちは保育園などには通っておらず、日中、近隣の公園で、美優さんが幼い弟や妹の世話をしている姿（下の子どもたちのオムツを替えていることもあった）が見られた。

そうしたある日、何日かきょうだいの姿が見えないことを気にした地域の民生委員が自宅アパートを訪ねてみたところ、アパートのゴミだらけの部屋で糞尿にまみれた子どもたちを発見した。美優さんは二歳の妹を抱きかかえていたが、妹が息をしていないことは明らかであった。

子どもたちの話では、夜分に母親が「コンビニに行ってくる」と言って出かけたのは、数日前のことであったという。美優さんは、母親はこれまでも二、三日は帰宅しないことが頻繁にあったと話した。母親が帰ってくるときに不在にしていてはいけないと考え、外に出なかったという。また、美優さんは、三歳の頃から炊事や洗濯などの家事や、下の子どもたちの面倒を見ていたとのことであった。

勇樹くんの場合

勇樹くんは一八歳の少年である。彼は、団地の廊下で、通りすがりの高齢女性の腹部を数ヵ所包丁で刺し、死に至らしめたため、警察に逮捕された。

勇樹くんは、両親のネグレクト（育児の放棄や怠慢）のために幼児期から児童養護施設で生活していたが、一七歳のときに高校を中退したために児童養護施設を出て、飲食店で、住み込みで働き始めた。しかし、その数ヵ月後、職場での対人関係の問題で仕事を辞めた。

住む場所を失った勇樹くんは、かつて暮らしていた児童養護施設に相談に行ったものの、「施設ではどうしようもないので児童相談所に行くように」と言われた。そのアドバイスにしたがって児童相談所に助けを求めたが、児童相談所は、勇樹くんがすでに一八歳になっているため児童福祉法の対象ではないことを理由に援助を断り、再婚して新たな家庭を持っている実母の住所を教え、そこに行くよう指示した。

母親は勇樹くんの突然の来訪に驚愕《きょうがく》したが、まったく行くあてのないわが子を不憫《ふびん》に思い、使っていなかった二階の一部屋を一時的に提供した。幼児期以来、母親との生活を望み続けた勇樹くんにとって、変則的なかたちではあっても長年の「夢」が実現したことになり、いままで経験したことのない安心感を覚えたという。

しかし、再婚相手との間にすでに子どもがおり、生活もそれほど楽ではなく、また、勇樹くんの存在のために現在の夫とのいさかいも増えたため、勇樹くんが同居を始めて数日後、母親は勇樹くんに出て行ってほしいと申し出た。母親宅での生活に安心感を覚えていただけに、この母親の申し出は、幼児期以来、二度目の「見捨てられ体験」となり、勇樹くんに大きな衝撃を与えることになった。泣き叫びながら取りすがり「家にいさせてほしい」と懇願する勇樹くんに対して、母親は、「出ていかないなら、死んでほしい」と言い放った。母親のこの言葉を聞いた勇樹くんは頭の中が真っ白になったという。この時点で勇樹くんの記憶は途絶える。

次に勇樹くんの記憶にあるのは、血まみれになった腹部を抱えてうずくまっている女性の姿であった。そのとき、勇樹くんの手には、母親の家の台所にあったと思われる包丁が握りしめられていた。

綾香さんの場合

綾香さんは小学校五年生、一一歳の女の子である。綾香さんは、学級担任に、実父から性的虐待を受けていることを話し、驚いた担任教師が児童相談所に通告したため、児童相談所の一時保護所に保護された。

綾香さんの話では、父親からの性的虐待は、五歳の頃から始まったという。幼児期には、父親と一緒にベッドに入り、アダルト・ビデオを見せられながら、父親が綾香さんの性器を手でさわったり、あるいは父親の性器をさわらされたりといった性的接触が多かった。小学校に入ってからは、乾電池などの異物を性器に入れられるようになり、小学校三年生の頃から、父親のペニスを性器や肛門に挿入されるようになったとのことである。

後に判明したことであるが、綾香さんの母親は夫（つまり綾香さんの父親）からいわゆるDV（ドメスティック・バイオレンス＝配偶者間暴力）被害を受けており、家庭内での行動は完全に夫の支配下に置かれていたため、娘の性被害に気づくことができなかった。

トラウマという言葉

私が講談社現代新書の前著『子どものトラウマ』を書いたのは、一九九七年のことである。一九九六年に「日本子どもの虐待防止研究会」（現・日本子ども虐待防止学会）の第一回学術集会（大阪大会）が開催されるなど、医療、保健、福祉領域における子ども虐待に対する関心は高まってきてはいたものの、「児童虐待の防止等に関する法律」（いわゆる「児童虐待防止法」）が制定されるのは二〇〇〇年のことであって、この時点では法制度は未整備の状態だった。まだ「虐待問題への取り組みの黎明期《れいめいき》」とでも言える状況であった。

トラウマ（心的外傷）とは、強い精神的衝撃をもたらす経験によって生じた「心の傷」の一種であり、その程度がその人の心に備わった自己治癒の力をはるかに超えているために、経験した後も長期にわたって、その人の心理や行動などに影響を与え続けるものを言う。

今日では「トラウマ」は、日常生活で普通に使われる言葉になっているが、この概念が日本に導入されたのは、一九九五年一月一七日の阪神淡路大震災を契機としてのことであった。それ以前は、一般の人々はもちろん、精神医学や臨床心理学の専門家たちでさえ、多くは、トラウマに関してさほどの知識は持ち合わせていなかった。海外を見れば、トラウマという概念のルーツは一九世紀中ごろにまでたどれるのだが、日本では導入されたばかりの概念であった。そのような状況のなかで、私は「虐待を受けた子どもを、トラウマ概念によって理解し、その影響からの回復を促す」ということをテーマとした同書を書いた。

当時の私は、大学で働きはじめてまだ二年目、それまでの十数年は、主として福祉領域で心理屋として実践現場に身を置いていた。私事の記述が少し長くなるが、なぜそのような問題意識を持つようになったかを、ここで述べておきたい。

アメリカで「虐待とトラウマ」を学ぶ

私が「虐待」を受けた子どもと出会ったのは、大学の学部教育を終え、心理職としての職を得た、情緒障害児短期治療施設においてであった。一九八〇年代前半のことである。当時は、虐待という言葉すら一般的ではなかった。今日では「虐待死」という言葉がメディアで流通しているが、当時は「折檻死《せっかんし》」と言われていたことを覚えている読者もおられよう。

また、保護者が子どもに身体的な暴力をふるっていたとしても、親であるかぎり子どものことを考えてのことであり、「よそ様」が口出しするべきではないといった風潮が強かった。そうした暴力が子どもに与える心理的な影響については、一般市民だけではなく、専門家と言われる人たちも、ほとんど関心を持っていなかったと言える。

私が勤務していた情緒障害児短期治療施設には、心理的な問題に起因する不登校（当時は「学校恐怖症」や「登校拒否」と呼ばれた）や「家庭内暴力」（当時、子どもが親に対して暴力をふるう現象をこう呼んだ）といった問題を抱えた子どもたちが生活していたが、彼らのなかには、家庭で親などからの激しい暴力を経験した子どもや、今日ではネグレクトとして認識されるような養育環境におかれた子どもが少なからずいた。

しかし、こうした虐待やネグレクトと、子どもの心理的な問題や行動上の問題を関連づけて理解しようという精神科医や心理療法士などの専門家は、ほとんど皆無と言える状況であった。

当時から、私は、本来は自分をもっとも愛し、守ってくれるはずの親からの激しい暴力や、「見捨てられた」と思えるような体験が子どもの心にダメージを与えないはずはないと感じ、そうした養育体験が子どもに与える心理的影響を理解したいと考えていた。こうした着想は当時の精神科臨床や心理臨床の世界では非常にまれであったため、孤軍奮闘といった状態であったが、「現在の日本では『例外的』であるとされている子どもの虐待という問題は、今後の子ども家庭福祉の領域で中心的な課題となるはずだ」という、何の根拠もない確信をいだくようになった。

そして、一九八五年、五年間勤めた施設の心理職をやめて渡米した。アメリカは、よい意味でも悪い意味でも「虐待先進国」であり、そのアメリカの福祉・心理領域でトレーニングを受けたいという強い思いがあったためである。サンフランシスコの大学院で学び、虐待を受けた子どもの入所治療施設でインターンとして勤務しながら、三年を過ごした。このアメリカ滞在中に、おおかたの日本人に先んじること約一〇年、トラウマという概念に出会うことになった。

一九八九年に帰国してからは、児童養護施設や児童相談所などの子ども家庭福祉の現場や医療機関で、虐待を受けた子どもたちにかかわるようになった。そのなかで、トラウマ概念は、日本の子どもたちの心理や行動を理解するうえでも役に立つという感触を得た。虐待体験をトラウマ性体験（トラウマとなる経験をこう呼ぶ）としてとらえることで、子どもたちの認知（考え）や感情などの心理や対人関係上の特徴的な行動を、トラウマ性の反応や症状として理解することが可能となった。また、トラウマ概念を中心にすえることによって、子どもの生活上の支援や心理療法がより適切に行えるようになったからである。一九九七年の『子どものトラウマ』は、こうした臨床経験に基づいて執筆したものである。

トラウマ以外の重要な要素もわかってきた

その後、私は、虐待を受けた子どもの心理の「専門家」という立場になり、福祉や医療のみならず、司法や行政などさまざまな領域で、より多くの事例にかかわるようになった。

本書の冒頭に述べた事例も、一九九七年以降に私がかかわった事例の一部である。

こうした事例が蓄積されていくにつれ、子どもたちの虐待体験は、当初、私が考えていたよりもさらに複雑で、深い病理性をともなうものであることが、わかってきた。

トラウマ性体験のなかでも、虐待やネグレクトなどの養育経験は、「慢性的なトラウマ性体験」となる。そのようなトラウマ性体験によって引き起こされる子どもの症状や反応は、従来、精神科の臨床現場で用いられてきた、限局性のできごと（事故や災害など時間的に限定的なできごと）によるトラウマ性体験がもたらすＰＴＳＤ（posttraumatic stress disorder：外傷後ストレス障害）という障害の概念をはるかに超えたものであることがわかってきた。また、子どもにとって、トラウマ性体験は、人格の形成など、成人の場合とは異なった影響を与える可能性も指摘されるようになった。

さらに、虐待やネグレクトなどの心理的影響を理解するには、トラウマ概念だけでは十分でないこともわかってきた。「アタッチメント（愛着）と呼ばれる、子どもが発達初期から、その主たる養育者に対して本能的に形成する情緒的な結びつき」とその障害という概念も導入する必要のあることが、わかってきた。

つまり、虐待やネグレクトとは、それまで考えられていたよりもさらに複雑かつ病理的なものであり、それにともなう子どもの反応も、ＰＴＳＤなどのいわばシンプルな疾病概念を超えた複雑性をともなっていることが、次第にはっきりしてきたのである。
このようなことをふまえて、本書では、虐待と心の問題について述べていきたい。

通告件数推移から見えてくるもの

子ども虐待の現状を知りうるデータの一つは、厚生労働省が毎年公表している全国の児童相談所への虐待関連の通告（通報）件数である。

二〇一〇年八月現在もっとも新しい二〇〇八年度のデータによると、二〇〇八年度中に児童相談所が対応した虐待の通告件数は四万二六六四件で、前年度に比べ二〇二五件（前年度比五・〇パーセント）増加している（二〇〇九年度の通告件数は四万四二一〇件と報告されているが、これは「速報値」であり、またその内訳はいまだ公表されていないため、本書では、二〇〇八年度のデータを最新のものとして扱う）。

児童相談所がこの種のデータを初めて公表したのは一九九〇年度であったが、一九九〇年度の通告件数は、現在とは比較にならないほど少ない一一〇一件であった。

それが、次頁の図1に示したように、その後、年々、増加の一途をたどり、二〇〇八年度には一九九〇年度の三八・八倍にもなっている。

このグラフを概観して気づくのは、カーブがなだらかな、いわゆる「高原状態」が二ヵ

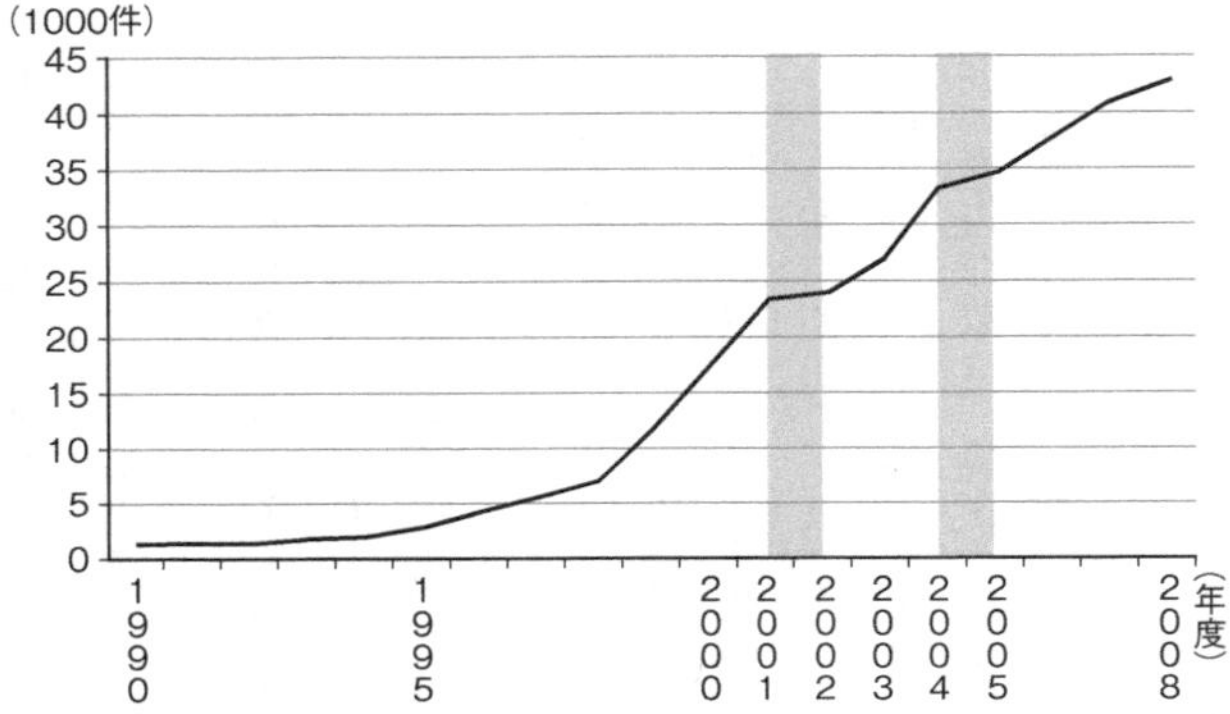

（厚生労働省のデータによる）

図１　全国の児童相談所への子ども虐待の通告件数の推移

所あることである。二〇〇一年度〜二〇〇二年度、そして二〇〇四年度〜二〇〇五年度である。これは、なぜだろうか？

まず、第一の高原状態を見てみよう。二〇〇一年度（二万三二七四件）から二〇〇二年度（二万三七三八件）にかけて、増加件数は四六四件にとどまっている。

当時、この理由に関して、厚生労働省や地方自治体の関係者は、「日本において社会的介入が必要とされるような虐待の発生数は年間に二万三〇〇〇〜二万四〇〇〇件程度であり、それがほぼ出尽くしたために緩やかな増加にとどまったもの」と推測していた（傍点筆者）。

しかし、現実はそうならず、二〇〇三年度以降、通告件数は再び急激な増加を示すようになった。

筆者は、この二万三〇〇〇件という件数は、日本の子ども家庭福祉のキャパシティを示す数字だと考えている。つまり、この第一の高原状態が示しているのは、児童相談所などの関係機関が対応できる虐待通告の件数の上限が年間二万三〇〇〇件程度であるということで、それを超えた分が、いわゆる「天井効果」によっていったん抑制されたということではないだろうか。

日頃、子ども虐待にかかわっている関係者なら、次のような経験があるのではなかろうか。保育園に通ってくる子どもの身体に傷があり、親から暴力を受けている可能性があると考えて児童相談所に通告をしても、「様子を見て、また何かあったら連絡してほしい」と言われ、児童相談所は「何もしてくれない」と思った……というような経験である（筆者がこのように書くのは、けっして児童相談所を責めようとしているわけではない。対応のキャパシティの限界を超えているために、充分に対応ができないのである）。

虐待通告をするのは、親とのその後の関係などを考えると、かなり心理的抵抗が大きいことだ。そうした抵抗を乗り超え通告したにもかかわらず、上記のような経験をすれば、「通告しても何かが期待できるわけではない」という思いから、その後の通告は抑制されることになるだろう。

二〇〇四年に大阪で発覚したいわゆる「岸和田事件」では、学校側は児童相談所に通告したと言い、児童相談所は「あれは通告ではなく相談だった」と主張した。本来、子ども虐待に関する児童相談所への連絡に、通告と相談の区別はない。しかし、児童相談所にしてみれば、通告となると何らかの対応をしなければならないことから、通告者に対して「通告」ではなく「相談」だと認識させようとする傾向が往々にして生じる。これも、「天井効果」がもたらした「抑制」の表れと言えよう。

岸和田事件

先に述べたように、この二〇〇二年度に見られた天井効果が継続することはなく、通告件数は、二〇〇三年度以降は再び大きな増加を見るようになった。それは、二〇〇四年一月に前述の「岸和田事件」が発覚、大きく報じられたためである（二〇〇四年一月は二〇〇三年度にカウントされる）。

岸和田事件とは、覚えている方も多いと思うが、大阪・岸和田市で発覚した事件である。当時中学三年生だった男の子が、実父と継母によって軟禁状態に置かれ、暴力および極端なネグレクトによってほとんど食事も与えられず、衰弱死寸前の状態で発見、保護されたものである。男の子は幸い一命を取りとめたが、脳萎縮などの所見があり、その後、奇跡的な回復を遂げたものの、重篤な知的障害や身体障害が残った。この事件の際、前述のような児童相談所と学校間の応酬が全国的に報道され、特に学校関係者の耳目を集めることになった。

この報道を見た学校関係者などが、「児童相談所が何もしてくれなくても、とりあえず通告しておかないと、後で万が一のことが起こった場合に大変なことになる」という思いを抱くようになり、その後の通告件数を押し上げることになったのではないか、と筆者は考えている。

児童相談所のキャパシティの限界で天井効果が見られた二〇〇二年度の通告件数は二万三七三八件だが、これを当時の全国の児童相談所に配置された児童福祉司の総数である一六二七人で割ると、児童福祉司一人当たりの通告件数は一四・六件ということになる。

非常に乱暴なやり方ではあるが、先に述べたように、これが児童福祉司一人あたりのキャパシティの限界だとして、この一四・六件に、二〇〇八年度の児童福祉司総数である二三五八人を掛けると、約三万四〇〇〇件となる。つまり、二〇〇八年度時点での虐待通告に対する日本の児童相談所の対応の限界値は、実際には三万四〇〇〇件程度と考えられる。それに対して、二〇〇八年度の児童相談所への通告件数は、四万二〇〇〇件超である。限界値を約八〇〇〇件も上回る通告がなされたことになる。

このように考えると、これまでも常に、そして現在もなお、対応システムのキャパシテイをはるかに凌駕《りょうが》する件数の虐待通告がなされていると言えよう。

虐待通告先に市町村も加わったが……

さて、二〇〇三年度以降、虐待通告件数が再び急増する状況のなか、児童福祉法の一九四八年施行以来の原則が、二〇〇五年度から変更されることになった。

その原則とは、「子ども虐待への対応には、保護者の親権の制限をともなうような行政行為が行われる可能性があるため、そうしたいわば強権を適正に運用できるのは、都道府県や政令指定都市などの大きな地方自治体であり、したがって、子ども虐待への対応は、都道府県及び政令指定都市（実務的にはこれらの自治体が設置する児童相談所）が専《もっぱ》らとする」というものであった。

こうした原則は、親の人権の適正な保護にもかかわる、いわば哲学的で重要なものであるが、現状を見ればそんなことは言っておられず、背に腹は代えられない。そこで、子ども虐待の通告先に全国の市町村を加えたのだ（東京都二三区を含む）。

そのために、児童相談所への通告件数の増加は、ふたたび抑えられることになった。これが二〇ページの図1のグラフに見られる、第二の高原状態である。児童相談所への通告件数の増加は、二〇〇三年度から二〇〇四年度にかけては六八三九件であったのに対して、二〇〇四年度から二〇〇五年度にかけては一〇六四件と急に増加が鈍っている。

ちなみに、全国の市町村が対応した虐待通告件数は、二〇〇五年度には四万二二二件、二〇〇七年度には五万一六一八件にものぼっている。

なお、児童相談所への通告と市町村への通告がどの程度重複したものであるか（両方に通告したケースはどの程度の割合か）については、担当省庁でも、まだ具体的に把握されていない。

このように、日本の子ども虐待の実情は、対応可能のキャパシティを大きくすればそれにあわせて通告件数も増加するという、いわば「天井知らず」の状態にあると言えよう。

本書の構成

以下に、本書の内容について簡単に紹介しておこう。

第1章では、「子どもの虐待とはどのようなものか」について、まず説明する。

子ども虐待は、児童虐待防止法にも示されているように、身体的虐待、ネグレクト、性的虐待、および心理的虐待の四つのタイプに分類される。

さらに、近年、子どもを故意に病気の状態に仕立てて（もしくは実際には存在しない症状を申し立てて）医療を受けるという「代理性ミュンヒハウゼン症候群」、乳幼児（特に乳児）を激しく揺さぶることによって生じる「乳児揺さぶられ症候群」といった、これまで日本ではあまり見られなかったタイプの虐待のケースも認められるようになっているが、これらについても解説する。

第2章では、「子どもを虐待してしまう親」について考える。「虐待」とは abuse という英語の訳語だが、本来の意味は「乱用」である。この「乱用」をキーワードとして、どんな親が、なぜ虐待してしまうのか、その心理の理解を試みたい。

第3章では、いわゆるDV（ドメスティック・バイオレンス）と子ども虐待の関連について述べる（本書では、DVを配偶者＝パートナー間の暴力として論じる）。子ども虐待の中でも、とりわけ性的虐待は、DVが生じている家庭で起こりやすいという印象がある。この章では、妻に暴力をふるう夫と、子どもを（性的に）虐待する父親の心理の関連について考えてみたい。

第4章では、性的虐待を取り上げる。性的虐待は、虐待の中でも特に、子どもの心理（精神）や行動に与える影響が大きく、その影響が、場合によっては、人生の長期にわたる可能性がある。しかし、実態はまだ把握されておらず、問題の本質に対する認識もはじまったばかりである。そのため本書では、独立して一章をもうけた。この章では、性的虐待が子どもに与える精神的影響や行動上の影響を考えたい。

第5章では、トラウマ概念を中心に、虐待を受けた子どもの心理について述べる。トラウマ性体験によって生じる精神科症状としては、PTSDが知られている。しかし、長期にわたる慢性的なトラウマ性体験である虐待やネグレクトなどの影響を理解するうえでは、PTSDだけでは十分とは言い難い。

また、発達途上にある子どもの場合には、PTSDとは異なったかたちで影響が表れる可能性が高い。こうした認識に立って、新しい症状のとらえ方が注目されてきている。その一つであるDESNOS（disorder of extreme stress not otherwise specified：その他に特定されない極端なストレス障害）を紹介したい。

第6章では、先にふれた、アタッチメント（愛着）という本能的行動と、それに関連した症状や障害に関して述べる。

アタッチメントとは、子どもの誕生直後から形成される、主たる養育者に対する強い結びつきのことである。アタッチメントは本能的行動であり、その適切な形成は、乳幼児期の心の発達にとって非常に重要な要素となる。虐待やネグレクトを受けた子どもは、このアタッチメントの形成に大きな困難を抱え、それがその後の対人関係のみならず、自己調整能力や共感性の発達に深い影を落とすことになる。この章では、アタッチメントの観点から、虐待を受けた子どもの心理について述べてみたい。

そして、終章である第7章では、虐待やネグレクトなどの影響からの回復について述べる。虐待による影響は非常に深刻であるし、長期間にわたる可能性も高い。しかし、その回復はけっして不可能ではない。この章では、虐待やネグレクトの影響からの回復に関する基本的な考え方を、トラウマおよびアタッチメントの観点から解説し、それを行うための具体的な治療法について述べたい。

第1章　子ども虐待とは何か

プロローグの冒頭に取り上げた翔太くん、美優さん、勇樹くん、綾香さんは、それぞれ、身体的虐待、ネグレクト、心理的虐待、性的虐待の被害者である。

現在の児童虐待防止法では、子どもに対する不適切な養育は、この四つのタイプに分類されている。

この章では、四つのタイプそれぞれについて、その特徴を見ていく。

また、近年、子ども虐待にかかわる医療関係者の注目を集めるようになったものに、代理性ミュンヒハウゼン症候群、乳児揺さぶられ症候群、適切な医療を受けさせないというタイプの新しいネグレクトなどがある。これらについても見ていきたい。

なお、実際の虐待のケースは、どのタイプとはっきり分けられないものも多い。たとえば、翔太くんは、激しい暴力に加え、言葉による脅しなどの心理的虐待を日常的に受けていたし、ネグレクトで児童養護施設に入所する前の勇樹くんは、日常的な暴力にさらされていた。筆者らの調査では、虐待やネグレクトを理由に児童養護施設に入所している子どもの八〇パーセントは、いくつかのタイプの虐待を重複して経験しており、単一の種別の虐待を経験していた子どもは二〇パーセントに過ぎなかった。

「虐待」という言葉の二重性

虐待のタイプ別の解説に入る前に、そもそも「虐待」という言葉がどのような意味を持つのかを考えてみよう。

「虐待」という言葉の語源は、語学としての日本語を専門としない筆者には不明である。ただ、「虐」という漢字については、ある程度知識を持っている。「虐」の語源は「虎」である。この虎という漢字の下部は「爪」である。つまり、虎という漢字は、トラが爪を下に向けた状態を表している。そのトラが、爪をむき出しにして今にも飛びかからんとする状態を表しているのが、「虐」である。トラが爪をむいて飛びかかろうとしているというのは、非常事態である。場合によっては生命の危険すら想定する必要があろう。虐とは、そういった漢字なのだ。このような文字の由来を知らなくても、「虐待」という熟語の文字面だけで、子殺しやそれに近いような激しい暴力をイメージするのではなかろうか。

一方で、二〇〇〇年に制定された「児童虐待の防止等に関する法律」（「児童虐待防止法」）にも使われている「虐待」という言葉は、本来は「濫用・乱用」を意味するabuseの訳語である。

abuseとは、『ジーニアス英和辞典（第4版）』によると、「1悪用、乱用／誤用／侮辱、不当な扱い、2悪習、悪弊、3毒舌、悪口、ののしり、4（性的）虐待、酷使、5欺瞞的行為」となっている。

つまり、abuseの主たる意味は「虐待」ではなく、「悪用」や「乱用」であると考えられる。基本的には「濫用・乱用」という意味、つまり、「正しくない使い方、本来の目的とは異なった使い方」である。たとえば、alcohol abuseは「アルコール乱用」、drug abuseは「薬物乱用」と訳される。したがってchild abuseも同様に、「子ども乱用」と訳されるべきであったかもしれない。

しかし、アルコール乱用や薬物乱用ならわかりやすいが、「子ども乱用」とは何を意味するのかわかりにくい。そこで、abuseの訳語として、従来から日本にあった「虐待」という言葉をあてることになったのだ。

つまり、「虐待」という言葉は、もともと「子どもを殺しかねないような残酷で激しい暴力」というイメージを持っているところに、abuse（乱用）の訳語という役割を担うことになり、二つの意味が共存することになった。この二重性が、意味の混乱の一因になっていると言えよう。

「乱用」とはどういうことか？

大人と子ども、とりわけ親などの養育者と子どもの関係の根底には、常に子どもの欲求や要求が存在する。子どもに身体的、あるいは情緒的な欲求があり、それを親が満たすというのが関係の基本となる。もちろん、親は常に子どもの欲求や要求に応じるわけではない。それが子どもにとって不適切であると判断した場合には、子どもの要求を制限することも、もちろんある。そのような場合であっても、子どもの欲求がかかわりの基礎となっていることには変わりがない。

一方で、乱用的なかかわりの場合、そのかかわりの基礎には、子どもではなく親の欲求や要求が存在している。つまり、「乱用」とは、親が「子どもの存在あるいは子どもとの関係を『利用』して、自分の抱える心理・精神的問題を緩和・軽減する」ことを意味している。

その考え方で言えば、身体的虐待は、子どもを殴ってでも子どもに言うことをきかせることによって、「自分は親として有能である」という「確信」を得る行為である。子どもに暴力をふるう親の中には、「言っても聞かないなら、叩いてでも言うことを聞かせるのが親の務めだ。子どものために叩いているのだ」と主張する人がいるが、実は「子どものため」ではなく、「親のため」に叩いていると言える。子どもが言うことを聞かないことで困るのは親である。子どもが言うことを聞かない事態に直面して親は不安になったり、親としての自分の能力（有能さ）に疑問を抱いたりしてしまうのである。

詳しくは第2章で述べるが、虐待傾向のある親には、その成育歴などのために、自尊感情や自己評価が低い人が多い。そうした親にとって、「自分の子どもすら言うことを聞かない」という状況は耐えがたいものとなる。そのため、「叩いてでも子どもに言うことを聞かせよう」とし、そうすることで子どもが自分の思うようにふるまうと、安心するのだ。

性的虐待は、子どもが親元や家族からは逃げられないという状況にあることを「利用」して子どもを完全に支配する行為である。

性的虐待と聞くと、つい、親が子どもを利用して自らの性的欲求を解消しているという印象を持たれるかもしれないが、実は、親の主たる欲求は、支配欲求であることが多い。もちろん性的行為を行うのだから性的欲求は当然かかわってくるが、支配欲求の中に性的な要素が含まれていると考えられる事例が圧倒的である。「性的な行為さえできるほど自分の子どもを完全に『支配』できている」ことで、社会生活における無力感を贖《あがな》う有能感を得る――そのための行為だと考えられる。

心理的虐待は、子どもに対して拒否感や嫌悪感（筆者は「加虐性」と呼んでいる）を示すことである。こうした心理的虐待という行為がどういった意味で「乱用性」――つまり、子どもへの行為によって保護者がなにがしかを得るということ――にあたるかは、明確になっているとは言い難い。しかし、自己に対する嫌悪感など、親自身が引き受けられない自己の否定的な側面を子どもに投げ込み、それを攻撃することによって精神的安定を得ているのではないかと推測される事例は少なくない。つまり、親が自分自身で引き受けることができない自己への嫌悪感を、子どもを攻撃することによって払拭しているという理解が可能かもしれない。

身体的虐待――死に直結する虐待

日本の児童虐待防止法では、子ども虐待を、身体的虐待、ネグレクト、性的虐待、および心理的虐待の四つのタイプに分類している。この四つのタイプについて、あらためて見ていこう。

身体的虐待とは、子どもの身体に外傷を引き起こすような、親の意図的な暴力を言う。殴る、蹴る、子どもを壁や床に投げつける、バットなどの器具によって殴打する、煙草や熱湯で火傷を負わせる、首を絞めるなど、さまざまである。また、外傷と言うとつい「体の外側の傷」をイメージしやすいが、頭部の殴打や、後述する「乳児揺さぶられ症候群」などで見られる頭蓋内出血など、身体の「内側の傷」も含まれる。

社会は、子どもに対する不適切な養育のなかでまず身体的虐待を問題視し、対応を講じていく。そのため、身体的虐待を「古典的虐待」と呼ぶこともある。

米国の小児科医ヘンリー・ケンプは、一九六〇年代の初頭、小児科学会で、保護者からの非偶発的で意図的暴力によって身体的外傷を負う子どもが少なくないことを報告し、その後の子ども虐待への社会的な対応の基礎を作った。

ケンプは、このとき「殴られた子どもの症候群」(battered child syndrome) という概念を提唱したが、これは今日で言う身体的虐待を中心とし、そこにネグレクトの要素の一部を取り込んだ概念であった。

このように、社会がまず身体的虐待に注目するのは、身体的虐待が傷やあざ、あるいは火傷などの身体的外傷をもたらすものであり、それだけに医療者や保育者などといった第三者の目にとまりやすいためだと言われる。だが、それ以上に重要なのは、身体的虐待が、子どもを死に至らしめる危険性がもっとも高い虐待であるからである。

実際、日本でも、保育所や学校などで、保育士や教職員が子どものからだの傷やあざなどに気づいて、児童相談所に通告する事例が、少なくない。また、病院やクリニックなどの医療関係者が、子どもの怪我の様子と怪我をした状況に関する親の説明があわないことに不信感を抱き、虐待を疑って通告する事例も、このところ増えている印象がある。

驚かれるかもしれないが、近年の欧米先進諸国の死亡統計を見ると、乳幼児期の各年齢帯における死亡原因の第一位は、子どもに対する保護者の虐待であることが多い。かつて、子どもは小児期の疾患や障害、栄養障害など、他の理由で命を落としていたが、近年ではこうした死亡は予防できるようになってきた。その結果、保護者による暴力やネグレクトなどの不適切な養育が子どもの命を奪う最大の要因となったのである。

一方、日本の「人口動態統計」では、一〜四歳の幼児の死亡原因の第一位は、「不慮の事故」となっている。不慮の事故というと、交通事故などによる死亡を思い浮かべるかもしれない。

しかし、たとえば、多少古いデータではあるが、一九九九年度の人口動態統計で不慮の事故のおもな事故死因を見ると、ゼロ歳児では、「不慮の窒息」（一四四名、六七・〇パーセント）、「不慮の溺死及び溺水」（一九名、八・八パーセント）が、「交通事故」（一六名、七・四パーセント）を上回っている。また、一〜四歳の幼児では、「交通事故」（一一一名、三一・六パーセント）がもっとも多いものの、「不慮の溺死及び溺水」（一〇一名、二八・八パーセント）と「不慮の窒息」（五〇名、一四・二パーセント）が、交通事故に次いで多くなっている。

子どもの年齢を考えると、こうした不慮の窒息や溺死が家庭外で生じることは少ないと思われる。つまり、日本の乳幼児には、「家庭内での不慮の事故」による死亡がかなり多く含まれると推測される。欧米では保護者の虐待やネグレクトによる死亡がもっとも多いのに対して、日本では「家庭内事故」による死亡が多いという違いには、非常に重要な意味が潜んでいるように思う。

ネグレクト――ようやく認識されてきたもうひとつの「不適切な養育」

ネグレクトとは、子どもの心身の健康的な成長・発達にとって必要な身体的ケアや情緒的ケアを保護者が提供しないことを言う。「虐待」とは、身体的虐待であれ心理的虐待であれ、「子どもに対して有害なことをする」のに対して、ネグレクトは「子どもが必要とするものを親が提供しない」ことである。

このように、虐待とネグレクトは、そのあり方も、そしておそらくは親の心理や子どもへの影響も、かなり異なったものである。そのため、欧米では、虐待の一種類として位置づけるのではなく、「子どもの虐待とネグレクト」(child abuse and neglect) というかたちで併記されるのが常である。つまり、虐待の中にネグレクトが含まれるのではなく、並列するものと考えられているのである。筆者も同様の考えを持っており、そのため、本書でも、「虐待を受けた子ども」というよりも「虐待やネグレクトを受けた子ども」という言い方をする。

ネグレクトが認識されるようになったのは、ケンプが、先に述べた「殴られた子どもの症候群」という概念を提唱して以来のことである。ケンプの唱えた、この「殴られた子どもの症候群」には、今日でいう身体的虐待の特徴とネグレクトの特徴とが混在していた。

ネグレクトという不適切な養育状況が存在することは、それ以前から、認識されていた。ただし、もっぱら貧困問題の一部としてとらえられており、福祉領域で問題にされてきた。つまり、貧困への福祉的支援によってネグレクトを解決できると考えられており、ネグレクトそのものはケアの対象とはされていなかったわけである。

しかし、ケンプによる虐待概念の提唱以降、ネグレクトは、貧困とはそれほど関係が深くないタイプのネグレクトも含めた問題として考えられるようになった。子どもにケアを提供するための物理的・経済的要件は整っているにもかかわらず、あえてケアを提供しないネグレクトも問題視されるようになったのである。

ネグレクトを福祉的な観点からだけではなく医学的な視点で見ることによって、こうした不適切な養育が、たとえば「非器質性成長障害」といった医学的な状態につながることも明らかとなってきた。非器質性成長障害とは、不適切な養育による、脳下垂体の活動低下およびその結果としての成長ホルモンの分泌不全、それにともなう低体重及び低身長状態のことを言う。かつて「愛情遮断《しゃだん》症候群」や「剝奪《はくだつ》性小人症」などと呼ばれたものである。

筆者の経験では、六歳で身長八九センチ（三歳程度の身長）といった事例もある。また、二〇〇五年一二月に福岡県博多市で一八歳の女性が保護されたが、保護された当時の身長は一二〇センチに過ぎなかった。その身長のために、警察官は彼女を「小学生」だと勘違いし、日中の公園にいることを不審に思って保護したのである。彼女は、幼児期以降、家庭内でほぼ軟禁状態で養育され、小学校にも中学校にも通っておらず、慢性的なネグレクトを受けていたと言える。

こうした状態が、成長ホルモンの分泌障害などのなんらかの先天的な内分泌系の疾患によるものでないことは、子どもを病院に入院させたり施設に入所させて適切なケアを提供することで、身長の急速な回復が生じることからもわかる。実際、先の例の六歳の子どもの場合、施設入所後の数ヵ月間で身長が十数センチも伸びた。

医療的ネグレクト

ネグレクトの一つに「医療的ネグレクト」というものがある。これは、子どもが医療を必要とする状態であるにもかかわらず、親が適切な医療を提供しないネグレクトのことである。

たとえば、一週間以上も高熱が続いているのに、市販薬を与えるだけで症状を悪化させ、場合によっては子どもを死亡させるといったケースである。

子どもが適切な養育環境にない場合、免疫系の機能低下が生じることがある。ネグレクト環境に置かれている子どもの場合、通常であれば回復するような一般的な感染症が重症化することも少なくない。そこにさらに医療的ネグレクトが重なった場合、死に至る危険性は高まる。

医療的ネグレクトをさらに分類した一つに、「歯科的ネグレクト」がある。近年、歯科学の進歩により、幼児や低年齢の子どもの、いわゆる虫歯は劇的に減少している。あるいは、虫歯があっても初期治療がされている。しかし、子どものなかには、すべての乳歯に虫歯があっても放置されているといった場合がある。子どもの虫歯、特に治療されないままの虫歯は、ネグレクトや虐待の重要なサインとなると考えられる。

日本ではまだ十分に問題視されていない

数年前まで、学校や保育所などでは、ネグレクト環境に置かれている子どもに対して、「家庭の問題」や「親の養育態度の問題」といった程度の認識しか持たれておらず、そういった養育が子どもの心身に与えるダメージに関しては十分に認識されていなかった。

最近では、子ども虐待に関する一般の人々への啓発が進むなかで、保育所や学校などでも、ネグレクトの問題性が意識されるようになってきた。

しかし、虐待通告件数の急増という嵐にさらされた児童相談所や市町村の相談機関は、身体的虐待など、生命への危険が危惧される事例への対応で手一杯の状態にある。そのため、生命の危機に直結することが少ないとの印象を持たれているネグレクトにはなかなか対応がなされない、という実態が生じている。言い換えれば、保護者によってネグレクトされている子どもが、社会によっても再度ネグレクトされるという、「二重のネグレクト」が生じている。

このように、生命への危険がほとんど認識されていないネグレクトであるが、家庭裁判所調査官研修所が行った、児童福祉法第二八条の申立があった深刻な虐待事例四〇例の調査分析では、ネグレクトが三五パーセントを占めていた（家庭裁判所調査官研修所、二〇〇四年）。

また、厚生労働省（社会保障審議会児童部会、二〇〇八年）による、二〇〇六年度の一年間に全国で発生した虐待死亡事例の分析においても、ネグレクトによる死亡は、心中及び心中未遂を除く虐待死亡事例の三九・七パーセントと、ほぼ四割を占めている。

ここで、一九九七年度から二〇〇八年度にかけての日本の虐待通告における身体的虐待とネグレクトの構成比の推移を見てみよう（図2）。

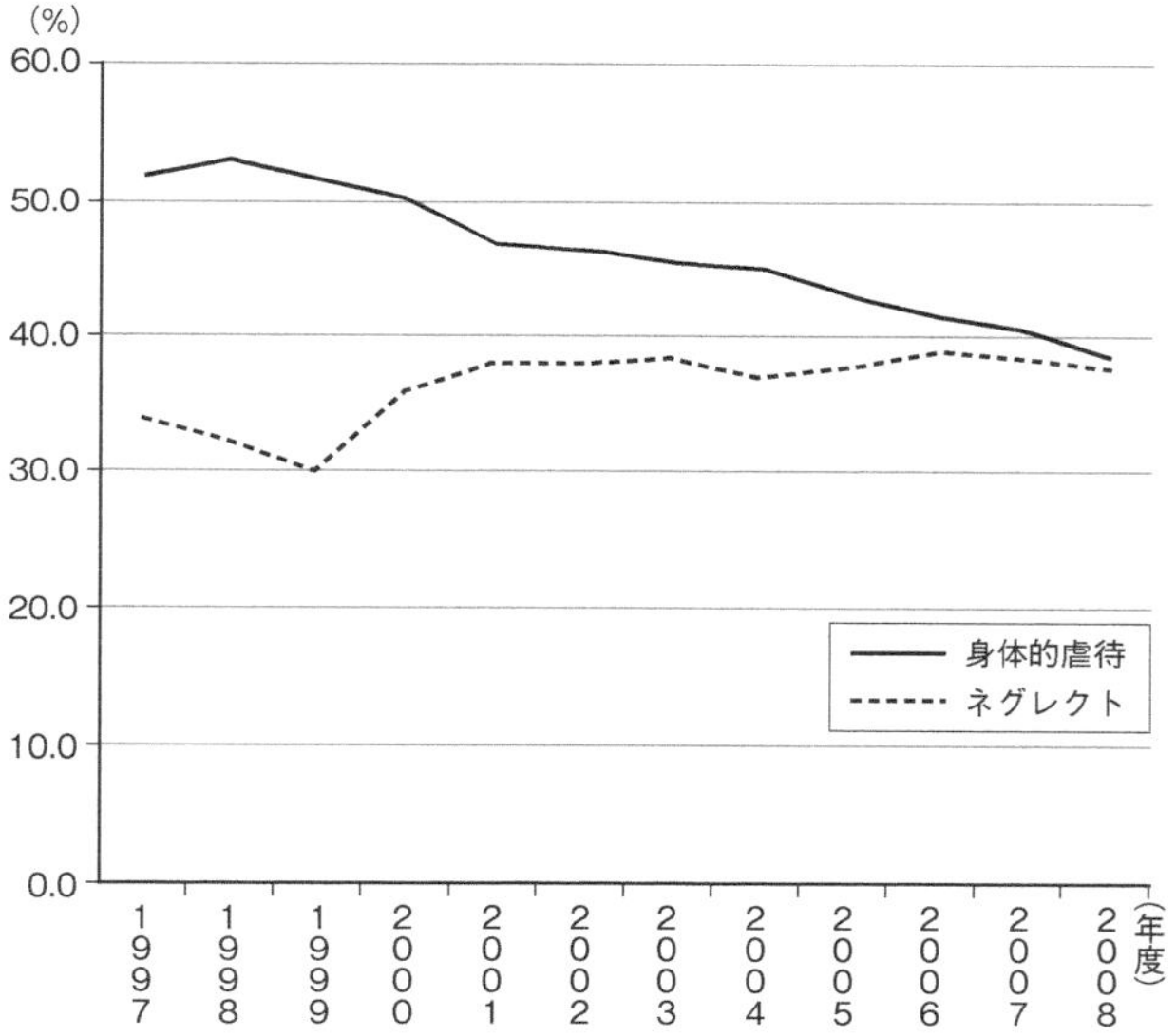

（厚生労働省のデータを筆者が加工）

図２　虐待通告における身体的虐待とネグレクトの構成比

厚生労働省が、全国の児童相談所への虐待に関する通告件数を公表しはじめたのは一九九〇年度のことであるが、当時、虐待全体に占める身体的虐待の割合が五〇パーセント強であり、ネグレクトは一〇パーセント程度でしかなかった。その後、ネグレクトの占める割合は年々増加し、二〇〇八年度には身体的虐待とネグレクトとがほぼ同じ割合を占めるようになっている。これは、日本の社会が、ネグレクトが子どもに与える影響を意識するようになった結果であると言える。

このように、現在の日本は、身体的虐待が注目される「第一期」から、ネグレクトに関心が集まる「第二期」へと、次第に移行しつつあると言える。

このような推移は、欧米諸国でも観察されている現象である。どこの国でも、子ども虐待が社会問題化してくると、当初しばらくの間は身体的虐待への対応が中心となり、その後、ネグレクトに関心がもたれる経過をたどるようである。そして、その後に性的虐待、心理的虐待の順で進んでいくとされている。この考え方にしたがえば、ようやくネグレクトが意識され、対応されるようになった日本では、今後、性的虐待や心理的虐待も大きな社会的問題となっていくと予想される。

性的虐待――いまだ社会的に否認され続ける虐待

日本では、性的虐待はいまだ「未発見」の問題と言える。

二〇〇八年度の全国児童相談所への虐待関係の通告件数の総数は四万二六六四件であったが、そのうち性的虐待に関する通告は約一三二四件だった。ここ数年間、性的虐待が虐待全体に占める割合は約三パーセント（プラスマイナス〇・五パーセント）程度となっている。この数字は、欧米の先進各国の統計に比べると非常に少ないものだと言える。欧米先進国においては、性的虐待が虐待全般に占める割合は一〇～二〇パーセント程度であり、日本とはひと桁違っている。

一九九〇年以前、専門家を含め多くの関係者は、「日本では、欧米に比べ、子どもに対して性的欲求を持つことが少なく、性的虐待は欧米ほど多くない」といった見解でこの違いを説明してきた。しかし、子どもが性的被害を受けるさまざまな事件や子どもポルノの問題が相次いで発覚している状況を考えるなら、このような見解がまったくの見当違いであることは言うまでもない。

であるとしたら、欧米と日本の違いは、日本の社会が子どもの性的虐待の実態を正確に把握していないためだという公算が高まる。日本の社会は、いまだに、性的虐待の存在を認めようとしていない（否認が続いている）とも言えよう。

欧米の統計を見ると、性的虐待の被害を受けている子どもの年齢分布は双峰性（M字型）

をなしている。六歳頃をピークとする思春期前の子どもたちと、一二歳頃をピークとする思春期の子どもたちという、二つのグループが存在している。

また、米国のデータでは、子どもの年齢分布の中央値は八歳となっている。つまり、八歳以上の思春期直前の子どもたちと八歳未満という思春期に達しない子どもたちとがほぼ同数となっているわけである。

一方、日本では、性的虐待を受けたと認められている子どもの大半は、思春期以降の年齢となっている。つまり、思春期以前の年齢の子どもの性的被害は見落とされている可能性が高い。その背景には、「家庭内で子どもが性的被害を受けているとしたら、思春期になって第二次性徴を迎え、女性らしくなって以降のことだろう。まさか、幼児期や小学校低学年の子どもが性的な行為の対象になるはずがない」といった、「思い込み」があるように思われる。一般の人のみならず児童相談所等の専門職までもがこうした「思い込み」の落とし穴に陥ってしまった結果、幼少期の子どもの性的被害が見落とされてしまっている可能性が高い。

こうした思い込みが生じる背景には、性的虐待を行う親の「欲求」についての見誤りがあるように筆者は考えている。虐待にかかわる専門職をはじめ多くの人は、性的虐待の背後にある加害者の欲求を「性的」なものと認識しているのではないだろうか。

しかし、筆者の経験では、性的虐待を行う親の主たる欲求は、先に述べたように、性的なものではなく「支配」への欲求である。そのため、幼少期の子どもでも対象となってしまうのだ。

二〇二〇年までに性的虐待は社会問題化していく

このように、日本の子ども虐待の領域では、いまだ性的虐待の実態が明らかになっているとは言い難いが、今後はどのようになっていくだろうか。

米国では、先に述べたように、一九六〇年代に、小児科医ヘンリー・ケンプの報告によって子ども虐待（おもに身体的虐待）が問題として意識されるようになり、虐待通告義務法の整備などの対応が始まった。その後、性的虐待が社会問題として認識されるようになったのは、ケンプの報告から二〇年以上を経た、一九八〇年代の後半から一九九〇年代にかけてであった。つまり、米国社会は、身体的虐待から二〇〜三〇年かけて、性的虐待に直面するようになったといえる。

日本の社会が、子ども虐待の問題を意識化するようになったのは一九九〇年代前半である。正確に言えば、厚生労働省や児童相談所の公式統計に「虐待」という分類が登場したのは一九九〇年である。この問題に関する日本の民間ネットワークの第一号である大阪の児童虐待防止協会が設立されたのも一九九〇年のことである。こういったことから、日本の「虐待元年」は一九九〇年、日本の社会において子ども虐待が社会問題化したのは一九九〇年代のことだと言えよう。

右に述べたように日本も米国と同様の経過をたどると仮定した場合、日本における性的虐待の社会問題化は、(一九九〇年から二〇〜三〇年後の)二〇一〇〜二〇二〇年頃になると推定される。

性的虐待が子どもに与える精神的影響は非常に深刻であり、また、わが子に性的暴力を加えてしまう親の精神的な問題も非常に深刻であることは言うまでもない。そのため、本書では、性的虐待に至る保護者の心理的特徴に関しては第3章で、また、性的虐待が子どもの精神・心理や行動に与える影響に関しては第4章であらためて詳しく論じる。

心理的虐待——子どもの存在の否定

心理的虐待とは、子どもの心に、いわゆるトラウマなどといった深刻なダメージを与えるような保護者の言動で、これまで述べてきた身体的虐待やネグレクト、あるいは性的虐待には分類されないものを言う。

たとえば、「お前は欲しくて産んだ子じゃない」「おまえさえいなければ、私はもっと幸せに生きていける」といった、子どもの存在価値を否定するような保護者の言動が挙げられる。

筆者がかかわったある思春期の男の子は、両親からさまざまな身体的な暴力や心理的な暴力を受けてきていた。「親のどういった言動があなたにとってもっともダメージを与えたか」という筆者の質問に対して、彼は「いろいろあるけど、やっぱり、『おまえさえいなければ家族のみんなが幸せになる、だから、消えてほしい』という母親の言葉がいちばんきつかった」と述べている。

「純粋な虐待」

心理的虐待は、「純粋な虐待」とも言われる。

身体的虐待の場合には、保護者は「子どものためを思ってやっているんだ」という正当化や合理化が可能である。また、子どもも、「お母ちゃんは僕のことを考えて殴ってくれたんだ」「私のことをよい子にしようと思って叩いたんだ」といった具合に、親の攻撃性などの認識を回避することが可能である。

こうした歪んだ認識が、その後のさまざまな心理、行動上の問題を生じることになるのだが、少なくとも虐待を経験している時点では、子どもは「お母さんは僕のことを考えて叩いたんだ」＝「お母さんは僕のことを大事に思ってくれているんだ」という、親の愛の幻想にしがみつくことができる。

心理的虐待の場合には、そういったごまかしがきかない。「子どものためを思って、『おまえは産むつもりじゃなかった』と言ったんだ」と自分の言動を正当化できる親はいない。子どもも幻想にしがみつきようがない。親は子どもへの「加虐性」(拒否感や嫌悪感)を言葉や態度で直接的に表現することになる。また子どもも、親の加虐性に直面せざるを得ない。そういった意味で、心理的虐待は「純粋な虐待」とも称される。

また、心理的虐待は虐待の本質であるとも言える。というのは、身体的虐待にせよ性的虐待にせよ、子どもの心に深刻なダメージを与えるのは、虐待行為の心理的側面のほうであるからである。

たとえば、子どもが自転車で走っていて転んでしまい、頭に傷を負ったとしよう。その傷は子どもに痛みを与えるだろうし、しばらくの間、その子は自転車に乗るのを怖がるかもしれない。しかしほとんどの場合、その体験が子どもの心に、トラウマ性の反応や障害を引き起こすことはない。

それに対して、親の暴力によって、同じような怪我を負った場合はどうだろうか。親に投げ飛ばされたり突き倒されたりして頭部の負傷を負う経験は、子どもにトラウマ性の反応・症状を引き起こす可能性が高いと言える。

この両者の違いは、頭部の怪我という物理的な痛みではなく、その傷がどのようにして生じたかという体験の文脈にある。子どもの心に深いダメージを与えるのは、身体的虐待の心理的側面なのだ。その心理的側面とは、「お父さんがぼくを放り投げて僕が怪我をしたんだ。だから、お父さんは僕のことを嫌っているにちがいない」というように親の自分に対する加虐性に直面することである。つまり、身体的虐待に内包された心理的虐待の要素こそが、子どもの心をもっとも傷つけるのである。

心理的虐待は、「最後の虐待」とも言われ、もっとも「秘匿性」の高い虐待だと考えられる。そのために、心理的虐待を受けた子どもにどのような心理的・精神的な特徴や行動上の特徴が表れるかについて、その詳細はいまだ明らかになっていない。

新たに発見された虐待「代理性ミュンヒハウゼン症候群」

近年、新たに認識・注目されるようになったタイプの虐待として、代理性ミュンヒハウゼン症候群（Müunchhausen syndrome by proxy：MSBP）や、乳児揺さぶられ症候群（shaken baby syndrome：SBS）があげられる。また、これまでのネグレクトとは異なったタイプのネグレクトも散見されるようになってきた。

症状に関する虚偽の訴えをしたり、往々にして劇的な訴えをしたり、ときには毒物の摂取や薬物の過剰摂取などによって、自ら身体症状を作り出したりして、医療機関で治療を受けるという行為を繰り返すことを中心的な特徴とする精神科の病態を「ミュンヒハウゼン症候群」と言う。代理性ミュンヒハウゼン症候群（以下、MSBPと記す）とは、それを自分ではなく子どもを使って行う虐待である（その意味で「代理者による」という表現がなされている）。

また、乳児揺さぶられ症候群（以下、SBSと記す）は、乳児（時には二〜三歳の幼児も含まれる）を、親などの養育者が激しく揺さぶることによって、硬膜下血腫などの脳器質障害に至らしめる虐待である。およそ四〇パーセントが死亡に至り、助かった場合でもその半数には重度の脳障害などが残るとされている。

MSBPやSBSは、近年になって認識されるようになったもので、そういう意味では「新たな虐待」と言える。ただ、この「新たな虐待」の意味は、「新たに生じた虐待」ではなく、「新たに発見された虐待」という意味ではないかという考え方もある。

というのは、重度の知的障害や身体障害を持つ人のなかには、乳児期の「原因不明」の頭蓋内出血が障害の原因だとされている場合もあるからだ。つまり、近年になってSBSという状態の存在が認識されるようになるまでは、原因不明や自然に起こった頭蓋内出血として見過ごされてきたケースもあるのではないかと推測される。

ＭＳＢＰについても、米国では、現在、小児科に原因不明の疾患で長期入院中の子どもの一〇パーセント程度がＭＳＢＰの疑いがあるとした調査報告もある。

ＭＳＢＰを最初に報告したのは、英国の小児科医ロイ・メドウで、一九七七年のことであった。それ以降、欧米では年々増加し、米国では年間に六〇〇〜一〇〇〇程度の事例が報告されているとも言われ、前述のように小児期の慢性疾患のうち一定程度を占めているとされている。

筆者が虐待に取り組み始めた一九八〇年頃、日本にはＭＳＢＰの事例報告は皆無だったと記憶している。筆者の記憶では、日本でＭＳＢＰの事例が事件として報道されるようになったのは、一九九〇年代後半のことである。

二〇〇八年一二月、京都大学医学部付属病院で、母親が、一歳一〇ヵ月の幼児（五女）の点滴バッグに腐敗水を混入させ、乳児の身体状況を悪化させていたとして逮捕されるという事件が起きた。その後の警察による捜査で、この母親は二〇〇六年に、当時八ヵ月だった四女を同様の方法で死に至らしめたとして再逮捕された。警察の発表によると、次女および三女にも同様の行為が行われていた可能性があるという。

これは、日本のＭＳＢＰの事例としては珍しく報道された事例である。今日では、虐待に取り組んでいる小児科であれば、何例か経験があるという状況である。欧米の状況を見ていると、今後、日本においてもＭＳＢＰだと判断される事例は、増加すると予測される。

なぜ親が子どもを病気に仕立てるのか？

ところで、どうして親が、子どもを故意に病気に仕立てるのだろうか？

その動機や精神病理については、いまのところ明確になっているとは言い難い。

しかし、仮説的な見解はいくつかある。「原因不明で、慢性的な、大変な病気を持つ子を、かいがいしく看病する素晴らしいお母さん」という周囲からの評価を得ることで何とか精神的バランスをとっているのではといった見方や、原因不明の慢性疾患の子どもの親ということで、医療関係者の関心を集めたり、あるいは一種の「特別扱い」を受けたりすることによって自己評価が維持されるという見方などである。

しかし、これらは、親の行動観察などから導かれた仮説であり、確定的なものではない。実際のところ、こうした行為をなした親は、行為そのものを頑強に否認することがほとんどであり、ＭＳＢＰと言われる状態から回復した事例も、ほとんど見られない。したがって、そうした行為に至った心理的・精神的な状態を知ることができないのだ。先述の京都大学医学部付属病院の事例のように、親はそうした行為を慢性的に繰り返すことになり、子どもが死に至ることも少なくない。

なお、MSBPに関して、「親は子どもを病気の状態にしたいのであって、傷つけることが目的ではないため、虐待ではない」といった見解が述べられることがあるが、それは間違いである。

こうした見解は、「虐待＝暴力」といった表面的な理解に基づいており、虐待の本質は「乱用性」であるという点を見落としている。MSBPは、「子どもを病気にすることで親が自己の精神的安定を図る」という意味において、子どもを乱用するという心理状態であると考えられる。

それゆえに、MSBPは、医療を利用した虐待という意味で、医療的虐待の一種とみなすことができる。

子どもに適切な医療を与えない虐待

医療的虐待という考え方に関連して、近年、子どもに適切な医療が与えられないことによる死亡事例も増えてきている印象がある。

たとえば、二〇一〇年、福岡市で、アトピー性疾患が重症化した生後七ヵ月の乳児が感染症で死亡する事件があった。この事例では、両親は、子どもを医療機関に連れて行かず、ある宗教の教義に基づき「手かざし」などの「浄霊」を続けていたという。

このような事例も、親が子どもに適切な医療を提供しないという意味において、医療ネグレクトとみなすことができる。

ただ、この事例では、親は子どもの病気を放置していたわけではないのかもしれない。「手かざし」の有効性は別にしても、親なりの考えで、なにがしかの「治療」を行っていた可能性がある。

海外でも、たとえば、アトピー性疾患の子どもに対してステロイド療法といった一般的な治療ではなく、ホメオパシーなどの、いわゆる「民間療法」を行った結果、子どもが死亡したという事例がある。あるいは、マクロビオティックの考えに基づいて、乳児に対して母乳やミルクではなく豆乳を与え続けることで、栄養失調で死に至らしめたという事例もある。

こうした事例では、親は子どもに対して「何もしていなかった」のではなく、一般的ではない方法を、ある意味、「一生懸命やっていた」のである。そこには、おそらく親の歪んだ「信念」など、通常のネグレクトとは異なる心理が存在しているように思われる。

子どもが衰弱していくのを見る親の心理

ネグレクトによる子どもの死亡のなかには、家庭内での子どもの衰弱死や餓死といった事例も散見されるようになっている。先にあげた、二〇〇四年一月に発覚した「岸和田中学生虐待事件」では、継母によって軟禁状態におかれほとんど食事も与えられていなかった中学三年生の男の子が餓死寸前の状態で発見された。二〇〇八年の埼玉県蕨《わらび》市での四歳の男の子の衰弱死、二〇〇九年の大阪市西淀川区の九歳の女の子の衰弱死、二〇一〇年の奈良県桜井市での五歳の男の子の餓死など、同様の経過による子どもの死亡が、ここのところ全国各地で相次いでいる。

こうした事例は、一見、ネグレクトによる死亡だとされる。しかし、子どもが家庭内で衰弱し餓死していく様子を日常生活の中で見ている親などの保護者の心理状態と、自分自身の依存欲求や愛情欲求の満足を優先する結果、世話をせず放置するといった一般的なネグレクトの心理的特徴とは同じとは考えにくいのではないか、と筆者は考えている。

非常に限られた経験ではあるものの、筆者は、幼児が家庭内で衰弱死した虐待死事件にかかわる機会があった。

その事件に関する資料からかいまみられた親の心理には、「親の態度に対する子どもの反応への誤った認知」、特に、「子どもが食べないという反応に対する間違った解釈」「認知の狭窄化《きょうさくか》（認知の範囲が狭くなること）」、および「回復不能感」といった特徴があった。

衰弱死に至る事例における親の子どもに対する拒否感や嫌悪感は、通常のネグレクトや心理的虐待の場合とさほど大きな違いは見られないように思われる。しかし、拒否感や嫌悪感を何らかのかたちで子どもに向けた際の子どもの反応に対する認知や解釈は、かなり歪んだものとなる点が、特徴的だという印象がある。

こうした歪曲は、特に、食事に対する子どもの態度に関して顕著であるようだ。たとえば、親の拒否感や嫌悪感に食事場面で直面した子どもは、与えられたものを食べないという反応を示しがちである。親のそのような感情を感じて心理的に不安定になり、食べることができなくなるからだ。これは、子どもの心理的反応としては至極当然である。

しかし、この「食べない」という子どもの反応が、親の激しい怒りを喚起するようである。「この子は私に反抗しているんだ」「なんて挑戦的な態度なんだ。頭にきた」といった具合である。そして、「じゃあ、勝手にすればいい。食べなくていい」と食べ物を取り上げたりする。こうした食事をめぐる葛藤《かっとう》や、食べない状態が長期に及ぶことによって、大脳の食中枢に異常が生じる可能性があり、心理的にも生理的にも、子どもは次第に食べられなくなっていくのかもしれない。

子どもが食べない状態が長期に及んだ場合、通常であれば、親は子どもに何らかの身体的な異常が生じていると判断できるはずである。しかし、こうした事例では、親は「子どもが反抗し続けている」と認識し、子どもへの怒りや攻撃性を持ち続けるようである。長期間食べない状態が続けば、当然、子どもは衰弱し、全身状態も悪化する。異常なやせ方をし、「普通」でないことは素人目にも明らかとなる。

しかし、こうした事例の場合、親の認知の範囲は非常に狭くなり、子どもの異常さに気づきにくい状態となるようだ。全身の衰弱が危機的な状況にあるという全体的な認知が生じにくく、「反抗して食べない」「反抗的な目つきで自分をにらみつける」といった具合に、認知の狭窄化が生じる。

また、同時に、「昨日よりは少し食べたみたいだから大丈夫だろう」「手をつなげば立って歩くことができるから大丈夫だ」といった具合に、事態の深刻さから目をそらすことに役立つような認知に固執する傾向が生じるように思われる。

しかし、子どもの状況はますます悪化するため、このような「まだ大丈夫」という認知の維持は困難になり、「子どもがたいへん異常で深刻な状態である」という認識の回避は不可能となる。

そのとき親は、「こんな子どもを人に見られると虐待が疑われるに違いないから、子どもを人目に触れさせることはできない」と考え、子どもを家庭内に閉じ込めるようになる。そして、ある日、「もうだめだ、いまさら病院に連れて行っても取り返しがつかない」と、子どもの回復が不可能であると考え（回復不能感）、「自分にはどうすることもできない」と強い絶望感や無力感を抱きながら、子どもの死という最悪の事態を待つことになるのだ。

先に述べたように、以上のような記述は、筆者のほんの限られた経験から導かれたものであり、まったくの見当違いであるかもしれないし、非常に重要な点を見落としている可能性もある。

家庭内で自分の子どもを衰弱死や餓死させてしまう親の心理を、われわれはいまだまったく理解していないと言えよう。この種のネグレクトによる死の事例を予防し、あるいは適切な介入を行うためには、まず、こうした親の心理を的確に理解することから始めなくてはならない。

第2章　虐待してしまう親の心

優子さんの場合

優子さんは、二歳と四歳の子どもを持つ二〇代後半の女性である。優子さんは、幼い頃、両親からの体罰を含む非常に厳しい「しつけ」を受けて育った。いまでも両親から受けた暴力を思い出すと、怖くて悲しい気持ちになると言う。そういった経験から、妊娠を知ったときには、生まれてくる子どもには絶対に自分と同じような思いはさせまいと心に誓ってきた。

しかし、現実は違った。言うことを聞かず駄々をこねる子どもを目の前にしたとき、頭が真っ白になり、気がつくと子どもを殴ってしまっている自分がいた。そのたびに強烈な嫌悪感におそわれ、殴られて目の前に横たわっている子どもを抱きしめ、泣きながら「ごめんね、ごめんね、ママが悪かった。もう絶対しないから、許してね」と声をかけた。しかし、その約束が守られることはなかった。

子どもの虐待事件の報道に接するとき、多くの人は「何という酷い仕打ちをするのだ。まるで鬼のようなとんでもない親にちがいない」という感想を持つのではないだろうか。もちろん、実際にそういった親がいることは事実である。しかし、この優子さんのように、暴力はふるうまいと心に決めていながらも虐待してしまう親のほうがはるかに多い。

多くの親が、苦しみもがきながら我が子に暴力をふるってしまっている。あるいは、自分の行為が虐待であることはわかっていながら、暴力をやめることができず、苦しんでいる。そこには、「暴力はふるうまい」という意思の力を超えた何らかの心の動きがあり、それが親たちを子どもへの暴力に駆り立てているのだ。

本章では、意思の力を超えるこうした心の動きについて見ていこう。

乱用性と支配性

虐待という言葉は、第1章でも述べたように（少なくとも現在の医療、保健、福祉など子ども虐待にかかわる領域においては）、英語の abuse の訳語として用いられているが、abuse の本来の意味は「虐待」ではなく、「乱用」や「悪用」である。子ども虐待の本質はその「乱用性」にあると筆者は考えている。

では、ここで言う乱用性とは、どのような意味を持つのだろうか。

その意味にはいくつかのレベルがあるだろうが、もっとも直截なものとしては、「親権の乱用」があげられるだろう。

子どもへの暴力を「子どものしつけのため」と説明する親であっても、自分の子ども以外に暴力をふるうことはほとんどない。彼らが言うように「暴力をふるってでも子どもに教えるのが大人の務め」であるならば、それは自分の子どもであるか否かとは無関係なはずである。つまり「自分の子どもであるから体罰を行使する」のなら、それは子どもの親である立場を乱用している、すなわち「親権の乱用」であると言えよう。

親権とは何かを論じようとすると、民法などの法律論や人権に関する哲学的な議論を考慮に入れる必要があり、それは筆者の力量をはるかに超えるため、ここでは筆者の親権理解にとどめておきたい。

筆者は、子ども家庭福祉の実践的観点から、親権を「子どもにとって有害な結果になると考えられる他者の行為から子どもを守る権利」として理解している。その意味で、子どもに対する、体罰などの有害な結果につながると考えられる行為の行使は、親権の乱用にあたると言える。

また、親と子どもとの関係は、まず第一に、(生理的なものから情緒的なものまでを含んだ)子どもの欲求や要求を基礎として成立するものである。子どもの欲求や要求に応じて、親がそれを満たすための行為をなすのである。

「乱用性」ということをこの文脈でとらえるなら、「虐待」とは、「子どもの存在や子どもとの関係を利用して、本来の親子関係における子どもの欲求や要求ではなく、親が自らの欲求や要求を満足させる行為」と説明できる。つまり、「子どものためと言うが、実は親自身の何らかの欲求や要求を満たすために行動している」と考えられる。

ここまで述べてきたことをまとめると、「子ども虐待」とは、「親などの保護者がその親権を乱用し、子どもの存在やその関係を利用して自分自身の欲求や要求の充足につながるような行為をなすこと」だと言える。

親の心理を客観的にとらえる調査

それでは、親が子どもの存在や子どもとの関係を利用して満たそうとする欲求とは、いったいどのようなものだろうか?

また、これを、客観的なデータとして把握することはできないだろうか?

そのような問題意識から、筆者らは、子どもへの虐待傾向につながる親の心理状態（このような心理状態を「虐待心性」と呼ぶ）を把握するための手法の開発をこれまで行ってきた。

そしてその尺度となる質問項目を、「虐待心性評価尺度」（parental abusive attitude inventory：PAAI）と名づけた。これは、四八の質問項目についてそれがどの程度あてはまるか四段階でチェックしてもらう質問方式の心理検査である。以下はＰＡＡＩと呼ぶ。

ＰＡＡＩは、従来の臨床研究で指摘されたり、あるいは筆者らが日常の臨床を通して感じとったりした、虐待につながる親の心理的特徴（虐待心性）を記した質問項目から構成

設問：子どもや子育てに対する考えや気持ちについて述べた48項目の文章があります。あなたの考えや気持ちがどの程度当てはまるか、0から3までの数字に○を付けてください。

1 子どもが思い通り動いてくれないと、親として自信がなくなる	0	1	2	3
2 子どもがいなければ、もっと自由にできるのにと感じる	0	1	2	3
3 体罰はしつけの方法として有効である	0	1	2	3
4 子どもが私を馬鹿にしているように感じる	0	1	2	3
5 親なのだから、子育てがうまくできて当然であると思う	0	1	2	3
6 子どもを抱くことに抵抗感がある	0	1	2	3
7 子どもにエネルギーを吸い取られてしまう感じがする	0	1	2	3
8 子どもが泣くと自分が悪いためではないかと感じる	0	1	2	3
9 子どもがいるために、自分の楽しみを奪われた気がする	0	1	2	3
10 子どもをしつけるためには体罰は必要である	0	1	2	3
11 子どもは、できることでも私を困らせようとしてわざとやらないのだと思う	0	1	2	3
12 子育てを完璧にこなすのは、親の義務であると思う	0	1	2	3
13 できれば子どもを抱きたくない	0	1	2	3
14 子どもといると、エネルギーが涸れてしまう気がする	0	1	2	3
15 子育てに疲れ果てている気がする	0	1	2	3
16 子どもが気持ち悪いと感じる	0	1	2	3
17 子どもは親の思い通りに動くのが当然だと思う	0	1	2	3
18 子どもが私に対して悪意を抱いているような気がする	0	1	2	3
19 体罰を使ってでも子どもをしつけることは親の務めだと思う	0	1	2	3
20 子どもを邪魔に感じることがある	0	1	2	3
21 子どもが泣き止まないと、親として自信がなくなる	0	1	2	3
⋮ ⋮（以下略）	⋮	⋮	⋮	⋮

0：まったく当てはまらない
1：どちらかといえば、当てはまらない
2：どちらかといえば、当てはまる
3：非常に当てはまる

図3　虐待心性評価尺度（PAAI）の質問項目（抜粋）

されている（図3）。

筆者らは、小学校低学年及び一歳から三歳の乳幼児を持つ一般家庭の母親約六五〇人を対象に、このPAAIと母親自身の被虐待経験及び子どもに対する実際の虐待傾向を尋ねる質問項目からなる調査を実施した（なお、このときの調査では、一般の人々を対象としたため、性的虐待に関する項目は含めなかった）。

そして統計処理を行った結果、PAAIによって、次の七因子四八項目にわたる虐待の心性について把握できることがわかった。

〈七因子〉

- **「体罰肯定観」**（子育てには体罰は必要であるとする育児観）
- **「自己の欲求の優先傾向」**（子どもの欲求と親の欲求に葛藤が生じた際に親自身の欲求を優先する傾向）
- **「子育てに対する自信喪失」**
- **「子どもからの被害の認知」**（客観的状況とは無関係に、子どもの存在や行動によって自身が被害をこうむっているという親の認知）
- **「子育てに対する疲労・疲弊感」**

・**「子育てへの完璧志向性」**（親である以上子育ては完璧に行わねばならないとする認識・志向性）
・**「子どもに対する嫌悪感・拒否感」**

これらの虐待心性と、母親自身の幼少期の被虐待経験、及び子どもへの実際上の虐待傾向との関連をみた分析の結果から、虐待を受けた経験及び実際の虐待傾向と特に関係が深かった項目群（下位尺度）は「体罰肯定観」、「子どもからの被害の認知」及び「自己の欲求の優先傾向」であることがわかった。

図4を見ていただきたい。左側に母親自身の幼少期の被虐待経験を、右側に子どもに対する実際の虐待傾向を、そして中央にはＰＡＡＩに反映された虐待に至る心理（虐待心性）を示した。重要な関連が認められた項目間を、矢印で結んである。

分析によれば、以下の三つのルート（流れ）がある。

1「身体的被虐待経験」→**「体罰肯定観」**→「子どもへの身体的虐待傾向」
2「被ネグレクト経験」→**「子どもからの被害の認知」**→「子どもへのネグレクト傾向」
3「心理的被虐待経験」→**「自己の欲求の優先傾向」**→「子どもへの身体的・心理的虐待及びネグレクト傾向」

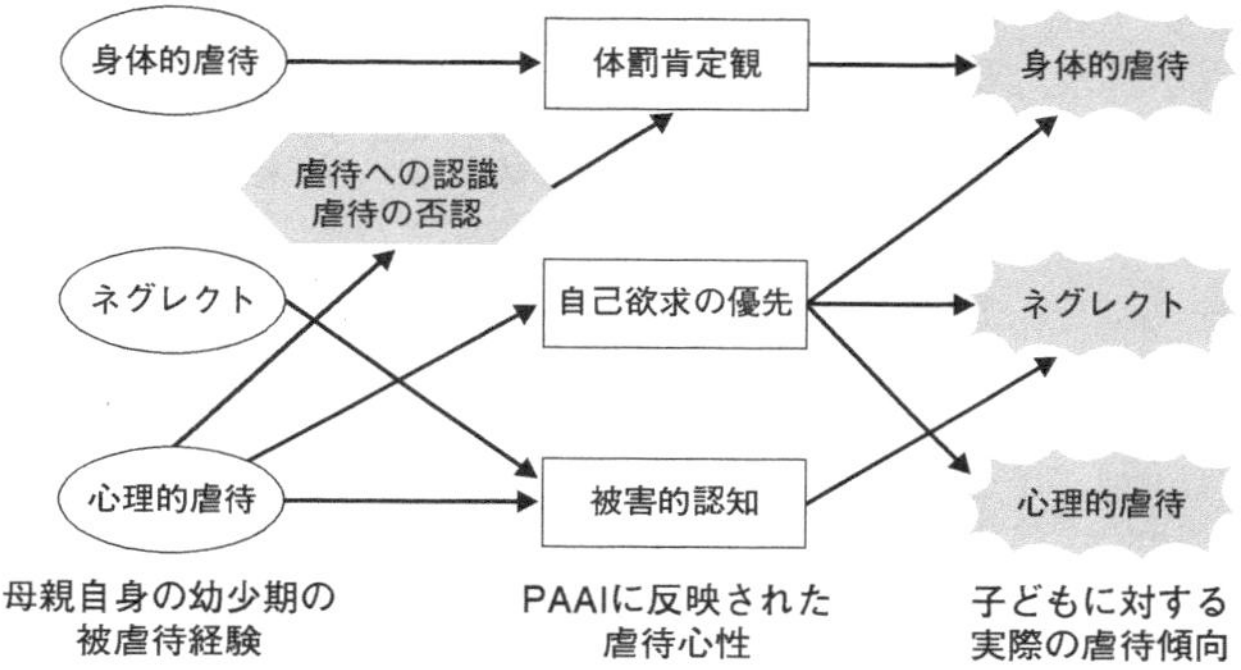

図４　被虐待経験・虐待心性・虐待傾向の関連

ここからは、虐待する親の、この三つの心理的特徴「体罰肯定観」「子どもからの被害の認知」「自己の欲求の優先傾向」について、見ていこう。

体罰肯定観——特徴１

自分自身が身体的虐待などの暴力を受けて育ったという親は、その経験から「子育てには体罰が必要」という、体罰を肯定的にとらえる養育観を持つことがある。こうした養育観を背景に、「言ってもきかないときには叩いてでも教えるのが親の務め」といった具合に体罰をともなう「しつけ」を日常化させやすい。

虐待を受けて育った人がこのような体罰肯定観を持つのはなぜだろうか。それは、社会学習理論によって説明されるようなモデル学習、つまり

「人は自分が育てられたようにしか育てることができない」といったプロセスによるだけではないように思われる。

このような人が「体罰は必要」と主張する背景には、「(体罰を受けて育った)自分の人生を肯定したい」という想いがあるのではないだろうか。

虐待の臨床の現場では、「子どもの頃、親に叩かれたときには反発したが、でも、振り返ってみると叩かれて当然だったと思う。あのときに厳しくされたからこそ、いまの自分があるのだと思う。だからいまでは、叩いてくれたことに感謝している」といった親の言葉をよく耳にする。

この言葉のように、虐待を受けて育った親の中には、それを自覚しているかどうかは別にして、自身の被虐待経験を整理できずにいるために、どこか違和感を持っているのではないかと思われる場合が少なくない。そのような親たちは、体罰肯定観を強く持つことで、自分の経験とそれに付随した違和感を「封じ込め」ようとしているように見える。つまり、自分の人生を肯定するための「理論的背景」として、体罰肯定観を強化していると考えられるのである。

さらに、体罰肯定観は、「親の愛情についての葛藤」に、一定の解決をもたらしてくれる。

保護者からの暴力は、子どもにとって、「叩かれるのは私が悪い子だからだ」「こんな悪い子をお母さんは嫌いにちがいない」「お母さんは私のことを愛していないのではないか」などという認知や不安を抱かせることになる。子どもにとっては、叩かれることに由来する身体的な痛みよりも、「親に愛されていないのではないか」という認知にともなう心理的な痛みのほうがはるかに強い衝撃となりえる。こうした「愛情をめぐる葛藤」に対して、体罰肯定観は、いわば「愛の鞭」といった観念のように「愛してくれていたからこそ叩かれた」という解決の図式を提供してくれるのだ。しかし、そのことで、自分のなかの体罰肯定観自体も、よりいっそう強化されてしまう。

このように、虐待を受けて成長した親は、その被虐待経験を肯定するために、また、暴力傾向のあった自分の親の「愛情」を確信するために体罰肯定観を持ち、そうした養育観に基づいて自分の子どもに暴力をふるっているということになる。「自身のこれまでの人生を肯定するために子どもに暴力をふるう」。この点に、乱用性ということがうかがわれるのである。

被害的認知——特徴2

被害的認知とは、「子どもという存在や子どもの問題に困らされている」「子どもから被害を受けている」といった認知（考え）を意味する。

虐待の問題が深刻化し、何らかの社会的な介入や援助が行われる段階に至った家庭の子ども（とりわけ幼児期後期もしくは小学校低学年の子ども）の多くは、虐待やネグレクトの結果として、反社会的行動を含むさまざまな問題行動を呈するようになってくる。だから確かに、「保護者が子どもの問題行動によって被害を受けている」といえる状態は珍しくない。しかし、ここで言う「子どもからの被害の認知」とは、そうしたものとは異質である。

幼児期初期の子どもなのに「自分のことを馬鹿にした目で見た」、乳児の泣き声が「自分を責める声に聞こえる」といった具合に、子どもからの非現実的な被害を感じて（認知して）しまうのである。

PAAIを用いた調査によれば、こうした親の反応は、ネグレクト的な環境で育った可能性を示唆している。

ネグレクト的な養育環境にあった子どもたちには、「誰も自分のことをかまってくれない」「いつも自分ばかりが損をしている」といった、被害感が認められる。こうした強い被害感が大人になったあとも続いて、自分の子どもとの関係に持ち込まれた場合、子どもから被害を受けていると感じる傾向が顕著になる可能性が高い。

また、子どもからの被害の認知には、親の、「子どもとしての自己像」が関与している可能性がある。

虐待を受けた子どもは、「私が悪かったから親は私のことを叩いたんだ」といった具合に、虐待の原因が自分自身にあるとする傾向を示しやすい。このような傾向を「自己中心的認知」と呼ぶ。

これは、「悪い子じゃなくなったら叩かれなくなるはず」といった希望や、「親は私のことを考えてくれているから叩くんだ」といった親の愛情を確信しようとする心性にもつながるものだが、この「悪い子」という自己像は、治療的な働きかけが行われなかった場合、大人になり、自分が親になっても継続することが多い。

こうした「悪い子」という自己像を抱えている親は、子どもが思い通りに動いてくれないなど、子どもとのトラブルや葛藤を経験したとき、その過去の自己像をよみがえらせてしまう場合がある。そして、かつての自分の「悪い子」のイメージを眼前の自分の子どもの中に見てしまう。

そういった例を見てみよう。

美紀さんには、五歳の男の子がいる。ある日、幼稚園から、「お子さんが他の子どもに激しい暴力をふるった」と連絡を受けた。そのときは、美紀さんは親として恥ずかしい、強く叱らねばと考えたものの、体罰を加えるつもりはなかった。しかし、帰宅した息子を正座させて叱っているうちに、次第に興奮して、「他の子を叩くこの手が悪い。こんな悪い手なんか切ってやる！」と言って、息子の両手首を包丁で切りつけてしまった。

美紀さんは後にこのときのことを、「あの子の表情や話し方の一つ一つが私にそっくりに見えて、まるで小さい頃の大っきらいな私が目の前に座っているように見えた」と語っている。

こうしたプロセスを、精神分析的な観点からは、「逆転した同一視」としてとらえることができる。同一視とは、一般的には他者を自分に重ねることを言うが、逆転した同一視とはその逆で、自分を他者に重ねて見ることをいう。

美紀さんの場合、自分が受け入れることのできない「大っきらいな」幼い自分の像が、現在のわが子に重なったのである。こうした心の動きの結果、わが子の姿に過去の自己像が侵入し、過剰な被害的認知が成立してしまったと考えられる。

また、子どもからの被害を認知した親が子どもへの虐待行為に向かうのには、もう一つ、別の同一視も関与している。次の例を見てほしい。

父親から激しい暴力を受けて育った啓司さんは、四歳の息子の腹部を強く蹴り、内臓損傷で入院させてしまった。

啓司さんは、後に「日頃は何事にも自信が持てず、情けない自分だったが、子どもを叱っているときにはまるで別人になったような気がした。まるで、厳しかった父親が私に乗り移ったみたいな感じで、自分が偉くなったような感じになった。そして、父親が私を馬鹿にして言った言葉が自然に口をついて出て、だんだんと気分が高揚していき……その後にあったことはまるで夢の中にいたみたいで、よく覚えていない」と語った。

この例では、「悪い子」という自己イメージが混在した「加害的な」四歳の息子を目の前にして、啓司さんは、子どもの頃に自分を虐待した親を取り込んでしまい、蹴ってしまったのである。

この啓司さんの心の動きは、虐待されることによって奪われた自己の有能感を、自分から有能性を奪った保護者を自分自身に重ね合わせることによって回復しようとしたものと考えられる。この心の動き＝同一視は、「攻撃者との同一視」と呼ばれている。

このケースでは、「逆転した同一視」と、「攻撃者との同一視」が同時に生じることによって、自分と子どもという現在の関係に、「自分を虐待した親」と「虐待された自分」という過去の親子関係が侵入し、過去の虐待行為が再現されてしまった（今度は自分がわが子を虐待してしまった）のである。

このように、虐待をしてしまう親は、過去の悪い自己を罰し、また、親によって奪われた有能感を取り戻そうとして自分の子どもを「乱用する」＝虐待すると考えられる。

自己欲求の優先傾向——特徴3

虐待傾向を示す親には、「子どものころ虐待やネグレクトにさらされてきたために愛情が十分に満たされず、そのために大人になっても自己の欲求への固執が起こり、子どもの欲求や要求と自分のそれとがぶつかった場合に自分の欲求を重視する」という傾向が認められる。前述のPAAIによる調査は、こうした自己欲求の優先傾向が、子どもへの身体的、心理的虐待、およびネグレクトにつながることを示している。

七夕が近いある日、筆者は近所の保育所に出向く機会があった。保育所には、子どもとその保護者が願いをしたためた色とりどりの短冊を飾りつけた笹飾りがあった。笹飾りを何となく見ているうちに、短冊の一つが目にとまり、思わず吹き出してしまった。短冊には「たまにはポケモン以外のＤＶＤが見られますように」と書いてあったのだ。

子育てをしていると、子どもの欲求に合わせるために自分の欲求を我慢しなければいけないことがしばしばある。実際、それは可能である。親が自身の欲求を棚上げにできるのは、これまで自分の欲求が適切に満たされてきたという体験の蓄積があるためである。「私はそろそろおなかがいっぱいになってきたよ。今度は私が、あなたのおなかをいっぱいにしてあげる番だよね」といった具合である。

ところが、虐待傾向のある親は、自己の欲求と拮抗関係になるような欲求や要求が子どもに生じた場合、それ自体を自分の欲求充足の妨げとして認識し、欲求不満から生じた怒りや攻撃を子どもに向けてしまうと考えられる。

たとえば、一〇代後半で未婚で出産し、ひとりで乳児を育てている由紀さんの例である。

由紀さんは、生後八ヵ月の赤ちゃんがハイハイして自分のほうに近づいてくる姿を見ると、「ああ、この子には私が必要なんだ。私がいなければこの子は生きていけないんだ」とあたたかい気持ちになるものの、同時に、「あなたには私がいるけど、じゃあ、私は誰に頼ればいいの」と考え、底知れぬ不安感に呑み込まれそうになる。そして、赤ちゃんが自分のほうに向かってくると、近づかないように顔を蹴飛ばしてしまう。

この由紀さんの行動は、自らの依存欲求の不満が子どもへの怒りに転じたあらわれだと考えられる。

親子の役割逆転

最近、子どもの虐待死に関する報道が相次いでいるが、そのなかには、ネグレクトによる死亡事例が散見される。このような事例では、保護者が子どもの欲求や要求よりも自分の欲求を優先したこと自体が、子どもへのネグレクトを生じさせたとも考えられる。

また、ネグレクトによって子どもを死亡させた親たちには、アルコール依存や薬物依存などの問題が認められることが少なくない。こうした依存症の背景には、親の依存欲求や愛情欲求が存在する。また、男性との関係に没頭するあまりに子どもを放置し死亡させてしまう母親や、同居しているボーイフレンドが自分の子どもに暴力をふるうのを止めることができずに子どもを死に至らしめた母親には、子どもよりも、男性に対する依存欲求や愛情欲求を優先する心理がうかがわれる。子どもの存在が自分の欲求の妨害要因になると考え、子どもに対して拒否感が生じ、加虐的な心理を特徴とする心理的虐待に結びつくとも考えられる。

こうした自己の欲求の優先傾向は、「役割逆転」という、虐待やネグレクトが生じている親子関係にしばしば認められる特徴と関連している。保護者が子どもの欲求や要求を満たすのが通常の親子の役割関係であるが、役割逆転が生じると、子どもが保護者の欲求を満たす役割関係になってしまう。この役割逆転は、親が「子どもに欲求を満たしてもらいたい」と非現実的な期待を持ったときに生じる、と考えられる。

虐待心性と乱用性

先に述べたように、筆者らの開発した「ＰＡＡＩ」（虐待心性評価尺度）を用いた分析では、虐待傾向を示す親の主な特徴として、「体罰肯定観」「子どもからの被害の認知」「自己の欲求の優先傾向」の三つがあることが示された。この話を、もう一度まとめてみよう。

「体罰肯定観」は、親が自身の虐待された体験を肯定し、「暴力的ではあっても自分の親は自分のことを愛してくれていたのだ」と思い込みたいがゆえに生じるものと考えられる。つまり、自分自身の人生を納得したいがために自分の子どもに暴力をふるうのである。

また、「被害的認知」には、「子どもの頃の悪い自分を、眼前のわが子のなかに見る」という逆転した同一視が関与している。こうした「悪い自分を目の前にして自分自身は子どもの頃に自分を虐待した親と同一化する」ことで、悪い自分を罰すると同時に、虐待によって無力化された自己に有能性を取り戻そうとしている、と言える。つまりそこには、子どもに暴力をふるうことで、（かつての）悪い自分の矯正を試み、同時に自己の有能感を回復しようとしている親の姿を見ることができる。

さらに「自己の欲求の優先傾向」は、虐待を受けて育つことによって満たされなかった欲求に大人になってからも固執することを意味している。これが、子どもとの関係に持ち込まれた場合には、子どもによって欲求や要求を満たしてもらおうとする役割関係の逆転が生じることになる。

これら三つはすべて、子どもを自分の欲求充足のいわば手段として利用するという意味で、「乱用」（虐待の本来の意味である abuse）の中心となる特徴である。このように、虐待の心性は、「子どもの乱用」、あるいは「子どもとの関係の乱用」と深くかかわっている。虐待傾向を示す親は、子どもの頃の不適切な養育体験を肯定し、また、そうした不適切な養育体験に起因する悪い自己を罰して有能感を回復し、さらに、子どもとしての依存欲求や愛情欲求の充足を優先し、ときには子どもにこれらの欲求を満たしてもらおうとして、子どもを乱用するのだと理解される。

「自分が親として子どもに関わる」という現在の親子関係に、「自分が子どもとして親に育てられた」という過去の親子関係が侵入してくるのである。いわば、この二つの親子関係の重なりにおいて、虐待という行為が発生すると考えられる。

「なぜ子どもを育てるのか」

ここまで、「子どもを虐待する親がどのようにわが子を乱用するか」について見てきた。このことを突き詰めていくと、「なぜ子どもを産み、育てるのか?」という問いに行きつく。

虐待傾向のない、ある程度健康的な育児ができる親にそう尋ねたら、おそらくたいていは、「子どもに幸せになってほしくて子どもを産み、育てている」と答えるだろう。

それに対して、虐待傾向のある親は、「自分が幸せになりたくて子どもを産み、育てている」といった感じがある。

この問題について、自分も虐待を受けて育った一〇代の祐美さんを、例にあげて考えてみよう。

祐美さんは、子どもの頃から、自分の両親のもとでは十分な愛情を受けることができないと自覚していた。早く父母のもとを離れたいと考えたのか、あるいは、「(自分がこれからつくる）幸せな家族」を求めたのかはわからない。祐美さんは、一〇代後半で家を出て男性と暮らしはじめた。

恋人との生活の当初は、父母との生活では得られなかった愛情欲求も満たされて、幸せだと感じていた。しかし、そうした関係は長くは続かず、関係は不安定なものとなった。

と言うのは、祐美さんは、「子どもとしての依存欲求」を男女間の「大人の関係」に持ち込んでいたからである。子どもとしての依存欲求は、子どもが依存し、親がそれに応えるという、基本的に一方通行のものである。それに対して、大人同士の依存関係は、互いの依存欲求に応える相補的なものである。子どもとしての依存欲求を持ち込んでしまった場合は、当初はうまくいっているように見えても、時間が経つにつれて、葛藤が生じたり不安定になったりすることが少なくない。祐美さんの場合もそうであった。

相手との関係が不安定になったとき、「幸せな家族」を求める祐美さんは、「子どもができればきっと幸せになる」と考え、子どもをもうけた。この時点で、祐美さんには、すでに、「子どもの存在を自分の幸せのために利用する」という（乱用の）心理が働いていたと言える。しかし、子どもが産まれても、そうそう「幸せになる」ことはできない。むしろ育児という大変な仕事が追加されることになる。実際、自分自身の依存欲求が満たされていない祐美さんにとって、自分に百パーセント依存する乳児を抱えることは、たいへんな労苦であった。祐美さんは、子どもがいても「幸せになれない」という状態に直面した。そして、自分に「幸せ」をもたらしてくれないわが子に怒りを覚え、攻撃してしまうようになったのである。

育児とは、子どもの幸せを願って行われる行為である。適切な親子関係で育つ子どもたちは、自身の愛情欲求がある程度満たされた大人へと成長し、子どもの幸せを考えて育児に取り組むことができる。しかし、虐待やネグレクトを受けて育った人たちは、育児においても自分の愛情欲求を優先してしまう傾向に陥りがちだ。そこに子どもへの虐待行為につながる乱用の心理が生じると言えよう。

第3章　DVと虐待

前章では、虐待を受けて育った人が親になってわが子を虐待してしまうという、子ども虐待が世代を超えて伝えられる、いわゆる世代間連鎖について見てきた。

しかし、子どもの頃に受けた虐待経験によって生じる暴力の連鎖は、これにとどまるものではない。もうひとつの暴力の連鎖として、家庭内における夫から妻への暴力など、親密なパートナーシップにおいて生じる暴力であるＤＶ（配偶者間暴力）がある。そこで、この章では、子どもへの虐待とＤＶとの関連を見ていく（なお、ＤＶとは、domestic violenceの略称で、直訳すれば「家庭内暴力」となり、子どもや高齢者への暴力など、家庭内におけるさまざまな暴力が含まれることになる。欧米では、夫婦間暴力などの性的に親密なパートナーシップにおける暴力を、ＩＰＶ［intimate partner violence］と表記することが多いが、本書では、日本の慣例にしたがってＤＶと呼ぶことにする）。

祐子さんの場合

「一歳の男の子の激しい泣き声が、毎日聞こえる」という近隣住民からの電話を受けて、児童相談所の児童福祉司が、祐子さんの家庭を訪問したところ、男の子の顔や体には、殴られるなどの打撲によるものと思われる複数のあざが認められた。児童福祉司の質問に、母親である祐子さんは、会社員の夫の暴力によるものだと説明したため、児童相談所は子どもを保護することにした。祐子さんは、「私も子どものことが心配なので、保護してもらえると助かります」と、息子の保護に同意した。

その後、児童相談所の福祉司は、祐子さん宅に家庭訪問を繰り返した。その経過で、暴力は子どもに対するものだけではないことが次第に明らかとなった。祐子さんの顔にあざがあったり、時には腕に包帯が巻かれていることもあったのだ。

福祉司が傷について尋ねると、会社員の夫が自分に対して暴力をふるうこと、その暴力は子どもが保護されて以降、日に日に激しいものになっていることなど、暴力の実態が祐子さんの口から語られたのである。

福祉司は、DVの事例として対応する必要性を感じ、女性センターの相談員に連絡を入れ、その後は、児童相談所と女性センターとが連携して祐子さんの支援にあたることとなった。

福祉司や相談員に対して祐子さんが語った実情は、次のようなものであった。

夫は、機嫌が悪くイライラした状態になると、祐子さんのなすことすべてが気に入らず暴力をふるった。たとえば、料理の味付けが薄いと言っては食べ物を床に投げ捨てる。作り直すと、今度は味が濃すぎると言って皿をぶつけてくる。一緒に外出して帰宅すると、商店街を歩いていたときにすれ違った男性の顔を見たと言って顔を殴られる。祐子さんは、外出する際にはその予定を事前に夫に伝えて許可を得ることを命じられており、予定外で外出した際には激しい暴力をふるわれる。また、夫は勤務中、一時間に一度は祐子さんの携帯に連絡を入れ、祐子さんが何をしているかを確認するのが常であった。祐子さんが電話に出ることができないと、帰宅後にそのことを激しく詰問し、また、暴力をふるう。家計はすべて夫の管理下にあり、祐子さんは必要な生活費をそのつど夫から受け取り、領収書を夫に渡さねばならない……。

祐子さんは、家庭訪問に訪れた福祉司や相談員にこういった話を語ったのである。

ところが、当初は相談員の訪問に応じていた祐子さんであったが、夫のあまりの暴力に危機感を感じた相談員が夫のもとを離れるようアドバイスしたあたりから、態度を急変させた。

祐子さんは、「夫はいつも暴力をふるうわけではなく、非常に優しくいたわってくれることもあり、私のことを愛してくれているのだと思う」「夫が暴力をふるうのは、私のことを愛しているからだ」「夫はとても優秀な人だ。私が無知で無能なために怒らせているのだから、私が悪いのだと思う」といった主張をするようになったのである。そのうちに、相談員が家庭訪問を繰り返しても玄関の扉を開けず、相談員の接触を拒否するようになってしまった。

そして、ある日、相談員のもとに祐子さんの手紙が届いた。手紙には、「夫は私にとってもっとも理想的な男性です。私は、夫なしには生きてゆけません。もう家に来ないでください」と書かれていた。手紙を受け取り、危機感をつのらせた相談員が祐子さんのもとに急行すると、二人はすでに引っ越しており、その後の行方は不明であった。

DV件数のデータと実態

警察庁が公表している資料によると、二〇〇九年度に全国の警察が配偶者からの暴力事案として取り扱った件数は二万八一五八件であり、「配偶者からの暴力の防止及び被害者の保護に関する法律」（いわゆるDV防止法）が施行された翌年である二〇〇二年度の一万四一四〇件の約二倍となっている（ただし同法は二〇〇一年一〇月に施行されたため、二〇〇一年度は三六〇八件と少ない）。

また、内閣府男女共同参画局が二〇〇八年に実施した、結婚歴のある二〇歳以上の女性を対象とした「男女間における暴力に関する調査」では、「なぐったり、蹴ったり、物を投げつけたり、突き飛ばしたりするなどの身体に対する暴行を受けた」という身体的暴行、「人格を否定するような暴言や交友関係を細かく監視するなどの精神的な嫌がらせを受けた、あるいは、あなたもしくはあなたの家族に危害が加えられるのではないかとの恐怖を感じるような脅迫を受けた」という心理的攻撃・脅迫、「いやがっているのに性的な行為を強要された」という性的強要のいずれかを経験したとしたのは、回答のあった一万三五八人の女性のうち三三・二パーセントとの結果となっている。

これらのデータを見る限り、夫婦間など親密な関係における暴力は、かなり一般的な現象であり、また、年々増加している可能性があると言える。

DVとは何か

DVのとらえ方についてはいろいろな考え方があるが、筆者の考えるDVとは、「ある人が、性的に親密なパートナー関係にある他者を、精神的な支配状態に置くことを目的とし、そのための手段として身体的暴力、心理的暴力、性的暴力、経済的暴力などを加えたり、あるいは社会的に孤立させたりする状態」である。つまり、DVとは、暴力によって維持される支配関係であるというのが、筆者の考えである。その意味で、冒頭に述べた祐子さんの事例は、典型的なDV事例であると言える。

つまり、筆者の定義では、親密な関係にある男女間における暴力のすべてがDVに該当するとは言えない。また、前述の内閣府の調査で明らかになっている暴力のうち、どの程度が筆者の定義するDVに該当するのかは定かではない。しかし、少なくともソーシャルワークや心理臨床などの実践において経験される深刻なＤＶ事例の典型例では、前述の祐子さんのように、男性のさまざまな暴力によって女性が完全に支配されてしまっている。

ＤＶの加害者は他者を支配することを求めるのであって、他者を攻撃、排除し、関係を断つことを目的に暴力をふるうわけではない。そのため、暴力をふるった後、「たいへん申し訳ないことをしてしまった。こんなことをするつもりではなかった。私はあなたを愛しているからこそこんなことをしてしまったのだ」と深く謝罪し慰撫するのが常である。

ＤＶに関する古典的な見方の一つに、一九七〇年代、著書『バタードウーマン』によってこの問題に対する社会の意識を喚起したレノア・ウォーカーの、「三つの相の循環」というモデルがある。

このモデルでは、夫のイライラ感や怒りが徐々に高じていく「緊張上昇期」、夫の怒りが爆発して妻に向けられる「暴力爆発期」、そして、爆発によって怒りが低減した後に妻の状態を気遣う「ハネムーン期」という三つの相が想定されている。ＤＶの事例のすべてがこうした展開になるということではないにしても、典型的なＤＶ事例では、こうしたパターンが少なからず認められる。

前述の祐子さんの、「(夫は) 非常に優しくいたわってくれる」や「夫が暴力をふるうのは、私のことを愛しているからだ」といった言葉は、ハネムーン期の存在を示唆している。また、こうした特徴があるため、DVの被害者は混乱し、暴力が生じている関係にとどまってしまうことが少なくない。

DVによる支配は広い範囲に及ぶ

DVの加害者による支配は、身体的、認知的、情緒的、社会的、経済的など、広い範囲に及ぶ。

身体的支配とは、加害者による、家庭内での立ち居振る舞いや家事など、被害者の身体的な行動や活動全般に関する支配を意味する。ある夫は、掃除や洗濯などの家事全般に口を出し、妻に、すべて夫の指示どおりに動くことを求め、少しでも異なった動きを妻が見せた場合には、激しい暴力をふるった。また、祐子さんの事例でも、こうした身体的支配が見られている。

認知的支配とは、被害者の考え方や価値観を全否定し、加害者が自らの考えを押しつけることを意味する。祐子さんの夫は、外出中にすれ違った男性の方を見るだけで、それは浮気にあたるという考え方を祐子さんに押しつけていた。

情緒的支配とは、怒りや悲しみなどといった妻の感情を否定したり、そうした感情を持つべきではないと主張したりすることを意味する。

社会的支配とは、加害者が被害者の社会的活動を制限したり管理することを意味する。妻が外出する際に、夫が行き先や誰と会うのかを詳細にチェックしたり、あるいは門限を厳しく設定したりする場合がこれにあたる。極端な場合には、妻の外出をいっさい禁じたり、テレビや新聞を見たり読んだりするのを禁じ、妻の社会的な孤立化をはかるような場合もある。

経済的支配とは、家計を含めたいっさいの経済的管理を夫が行うことを意味する。祐子さんの場合も、家計は完全に夫の管理下にあった。

このように、暴力による支配は被害者の生活や人格全般に及び、被害者は自分の判断や考え方などの認知的な能力に自信が持てなくなってしまう。極端な場合には、いわゆる「箸の上げ下ろし」にすら自分の判断が信じられなくなってしまい、すべての判断を加害者にゆだねるといったことが起こる。

その結果、ＤＶの被害者は「無能力状態」に至り、時には知的な障害を抱えているのではないかという印象を周囲に与えてしまう場合すらある。

そして、被害者が無力化されるのとは対照的に、被害者にとって加害者は理想化されていく。祐子さんの「夫はとても優秀な人だ。私が無知で無能なために夫を怒らせているのだから、私が悪いのだと思う」という言葉や、「夫は私にとってもっとも理想的な男性です」という手紙の文面は、こうした、被害者の無力化と加害者の理想化が生じていることを意味している。こうした無力化と理想化は、被害者が加害者のもとから離れられなくなる心理的な要因の一つになると考えられている。

このように、ＤＶと言われる現象には、さまざまなかたちをとった慢性的な暴力と、それによる支配関係の成立という二つの要素が備わっている。

ある加害男性の例

なぜ、ＤＶの加害者は他者を支配しようとするのだろうか。

残念ながら、その心理的な背景については、明確になっているとは言い難い。日本のＤＶへの対応の状況では、被害者の救出やその後のケアで手一杯といった感がある。一部の相談機関や民間団体がＤＶの加害者を対象とした回復プログラムなどを実施しているものの、そうした試みはまだ緒についたばかりの状況であり、加害者の心理的側面に関して十分な検討を可能にするような臨床的なデータは、蓄積されていないようである。

そこで、ここでは、筆者の限られた臨床経験をもとに、支配する心理についての推論を述べることにする。

筆者は、二〇年ほど前にＤＶの被害を受けているある女性への支援チームに参加したが、その際に、加害者である二〇代後半の夫と数回にわたって面接する機会を得た。その男性は、誰に対しても、いわゆる八方美人といった態度を示し、非常に柔らかな物腰で線が細く、とても妻に激しい暴力をふるうような印象を与える人ではなかった。彼は、筆者の質問に答えて、自らの子ども時代の話をしてくれた。

彼は四人きょうだいの末っ子であり、経済的に豊かでなかった共働きの両親は、幼児であった彼の面倒を彼の姉や兄にゆだねていたため、親から世話されたという記憶はないという。

そして、彼の記憶によれば、五歳の頃に、彼は親戚夫婦のもとに養子として迎えられたとのことであった。どういった経緯で養子縁組されることになったかは不明であるが、「親戚夫婦には子どもがなかったし、自分の家は経済的に非常に困っていたので『口減らし』としてやられたんだと思う」と述べた。「まるで、犬か猫の子のようにもらわれたんだ」と吐き捨てるように口にするのを聞いたとき、筆者は「ああ、この人は自分の人生を他者の思うがままにされて、強い無力感を抱いたんだ」と感じたことを、いまでも鮮明に記憶している。

このときの経験から、筆者は、ＤＶ加害者の支配性の背後には、「自分の人生を自分の力でコントロールできていないという強い無力感があるのではないか」と考えるようになった。強い無力感を贖おうとして、親密な関係にある他者に対して絶対的な支配権を持った全能者たろうとするのではないか、と思うようになったのだ。

その後も幾度か、典型的なDV事例で加害者と接触する経験があったが、いずれのケースでも、先に述べた例ほど明確ではないものの、「何らかの無力感を抱えている男性が、それを補おうとして親密な関係にある女性を支配しようとする」という心理的な特徴が見え隠れしていた。そして、こうした加害者の男性は、ほとんど例外なく、子どもの頃に虐待やネグレクトなどの不適切な養育を受けたと語ったのである。

子ども虐待は、とりもなおさず子どもに対する暴力による支配である。慢性的に暴力を受ける子どもは、否応なしに自らの身体的な無力さを味わうことになる。また、心理的虐待やネグレクトは、子どもにとって、親が自分に存在価値を認めていないというメッセージとなる。こうした無力感や無価値感が成人期にまで持ち越された場合、親密な関係にある他者を支配することでそれらの否定的な感覚を払拭しようとするケースが現れる可能性は、否定できない。

「よい母親」「悪い母親」

こうした「子どもの頃の虐待」と「成人してからのＤＶ加害」との関連について、心理学者であるドナルド・ダットンは、対象関係論による説明を試みている。

対象関係論とは、精神分析学の流れをくむ理論であり、子どもの自己イメージ、他者（対象）イメージ、および両者の関係性に関するイメージの発達を中心に、人の認知、情緒、および人格の成長発達とその病理の分析を試みるものである。

この対象関係論によれば、生まれたばかりの赤ちゃんは、自分の欲求を満たしてくれる「よい母親」と、思い通りにならずに欲求不満をもたらす「悪い母親」とは別々の存在であると認識しているとされる。しかし、この「よい母親」と「悪い母親」は、発達の過程で、しだいに適切に統合されていく。そのことで、子どもは、全体性を備えた母親のイメージをつくりあげ、それに呼応するかたちで自己イメージを発達させることができる。

しかし、虐待やネグレクトなどの不適切な養育環境に置かれた子どもの場合は、「よい母親」よりも「悪い母親」のほうが相対的に大きくなってしまう。そのまま統合が進めば、「よい母親」が「悪い母親」に呑み込まれてしまう危機的な状態となる。そこで子どもは、「よい母親」を守るために、両者を統合せず分離させたままで成長すると考えられる。その結果、「悪い母親」と、それに対応した「悪い自己」が、「よい母親」と「よい自己」に統合されないままに残存することになる。

ダットンは、こうした「悪い母親」イメージが、成人後のパートナーに投影され、悪い母親に対する激しい怒りがパートナーに向けられるのではないかと説明している。

このように、子どもの頃の虐待体験とDVの関連については理論的な説明が可能である。その説明が適切かどうかはいまだ不明であるものの、少なくとも典型的なDVの事例においては、子ども虐待の被害とDV加害の関連はある程度明確だと言えよう。

このように、子どもの頃の虐待の被害者が成長後にDVの加害者になるというかたちで、暴力の連鎖が生じるのだ。

DV家庭で育つということ

現在の児童虐待防止法では、DVの目撃は、心理的虐待に含まれると例示されている。これは、二〇〇四年の改正で追加されたものである。

従来の研究では、家庭においてDVと子ども虐待が同時に起こる確率（合併率）は、五〇パーセント程度であるとされている。つまり、夫が妻に暴力をふるっている家庭において、同時に子どもが親から直接的な暴力を受けている家庭は、約半数であることになる。

この暴力は、父親からのこともあれば、母親からの場合もある。中には、父親が子どもに暴力をふるうことはないが、夫から暴力を受けた妻が、母親として子どもに暴力をふるるという、いわば「玉突き的」な連鎖パターンもある。

こうした連鎖型の中には、筆者が日頃、「遅延型連鎖」と呼んでいるケースがある。

こうしたケースでは、夫が暴力をふるっているときには、母子はお互いに気遣いながら、時には被害者同盟とでも言えるような母子密着状態となって、母親から子どもへの暴力は見られない。それが、ソーシャルワーク的な支援が功を奏して、母子を、たとえば母子生活支援施設に保護した後に、これまでは見られなかった母親から子どもへの虐待が発生するのである。

ところで、(虐待とＤＶの) 合併率が五〇パーセントということは、子ども自身が直接暴力を受けていない事例も半数存在することになる。

では、こうした子どもは影響を受けないと言えるだろうか?

答えは否である。たとえば、父親が母親に身体的暴力をふるう家庭では、母親が負傷して出血したり、骨折などの怪我を負ったり、時には救急隊や警察官がやってくることもあるだろう。そうした出来事を、週に何度も、しかもかなりの長期間にわたって経験することが、子どもに大きなダメージを与えることは、想像に難くない。

このようにＤＶを目《ま》の当たりにすることが子どもに与える心理的影響を考慮して、二〇〇四年の法改正では、ＤＶ家庭で育つこと (ＤＶを目撃しながら育つこと) 自体が心理的虐待にあたるとされた。心理的虐待は、親が子どもに対して拒否感や嫌悪感などの否定的考えや感情を言葉や態度で示すことである。その定義にはぴったりあてはまらないものの、DV家庭で育つこと自体が虐待にあたるとした点で、この法改正は意味があったと言えよう。

また、DV被害の及ぼす母親への影響を考えると、DV家庭で育つ子どもの多くが、ネグレクト状況に置かれていると考えられる。

先に述べたように、暴力による支配は、人の能力を奪い無能化させることになる。DVによって妻が夫の支配を受けるとき、妻の「母親」としての能力も奪われてしまうことが少なくない。つまり、夫による暴力が妻を無能力状態に置き、その結果、本来であれば適切に機能できるはずの母親としての子どもに対する養育能力も奪われ、子どもがネグレクト状態に置かれることになるのである。

このように、DV家庭で育つことは、それ自体が子どもにとって虐待的な環境になると言えよう。

子どもの前で性行為が

これまで、DVと身体的な虐待やネグレクトの関連について述べてきたが、DVは性的虐待とも関連しているのではないかとの印象を、筆者は日頃の福祉臨床活動の経験からいだいている。

DVと性的虐待の関連にはいくつかのパターンがあるが、一つは、直接の虐待行為ではないが、広い意味で性的虐待にあたると考えられる、「年齢に不相応な性的刺激に子どもをさらす」というものである。

DVが生じている関係における暴力については、先に述べたとおり、「緊張上昇期」→「暴力爆発期」→「ハネムーン期」という三つの相の循環モデルが提示されている。

このハネムーン期には、おそらくは暴力に対する妻の反応（離婚を申し出るなど）への不安などによると考えられる、「おまえのことを愛しているからこそこんなことをしてしまったんだ」「ぼくにはおまえしかいないんだ」といった言葉の延長線上に性行為が行われることが少なくない。

このとき、夫は妻に離れられる不安におののき、目の前の妻をなだめることに精一杯で周りの状況はほとんど目に入らない。また、妻は、暴力に打ちひしがれて完全な無力状態に置かれており、また、「愛している」という夫の言葉を聞き、自分の身に何が起こっているのかまったくわからない状況になり、判断能力は停止している。つまり、まわりに子どもがいるといった事態は、夫も妻も、斟酌《しんしゃく》できない状態になっていると考えられる。一方で、子どもは、両親の間の暴力に恐怖を感じ不安を覚え、遠巻きに、あるいは押入れの中などから、両親の様子をうかがっていることが多い。

こうして、子どもの目前で両親の性行為の場面が繰り広げられることになるのだ。

このような経過によって、年齢不相応に性的刺激にさらされながら育つということが、DV家庭には生じやすい。

中部地方のある児童養護施設では、数年前から、施設に入所してくる子どもに対して、施設の心理士やケアワーカーが協同で、それまでどのような生活を送ってきたかを子ども自身から聞き取る試みを行ってきている。その試みから数々の興味深い知見が得られているが、その一つに、子どもの多くが、年齢に不相応な性的刺激にさらされてきているという事実がある。約八〇パーセントの子どもが、施設入所の理由の別とは無関係に、親や保護者の性交場面を見てきていることが明らかとなったのである。

こうした事実は、DV家庭で子どもが性的刺激にさらされるのと同じような現象が、児童養護施設などによる社会的養護を必要とする家庭で多く起こっている可能性を示唆している。

加害者像の一致

もうひとつ、DVと性的虐待が直接つながるタイプとして、DVの加害者である父親が子どもに性的な虐待を行っている場合が挙げられる。

DVが生じている家庭で、どの程度子どもに対する性的虐待が行われているかを示す実証的なデータは、筆者が知る限り存在しないものの、臨床経験での実感として、そうした事例はさほど珍しくないように思われる。

筆者がまだ駆け出しで、実際に性的虐待やDVの事例にかかわる以前は、自分の子どもに性的な行為を行う父親や、妻などの親密な関係にあるパートナーに激しい暴行を加える男性に対して、きわめて暴力的なイメージやいわば「モンスター」のようなイメージを持っていた。

しかし、実際にそういった事例にかかわるようになって気づいたことは、加害者像は、けっしてそのようなイメージと一致せず、場合によってはその正反対とも言えるということだった。激しいDVの加害者が、家庭の外では非常に如才なく物腰の柔らかな印象を与える男性であることは珍しくなかった。同様に、小学生の娘に性的虐待を行っていた父親が、非常に線の細い腰の低い男性であったりしたのである。

筆者は経験を通して、両者には、先に述べたような「自分の人生をうまくコントロールできておらず、強い無力感を抱えているように見える」という共通点があるように思うようになった。

もちろん、実証的なデータは少なくとも日本には存在しないため、両加害者像の一致に関しては推論の域をでない。しかし、理論的もしくは論理的には、両者の一致はあり得ると、筆者は考えている。というのは、子どもへの性的虐待と、妻へのＤＶとは、ともに、娘あるいは妻という他者への支配欲求に基づいた行為であると理解することが可能であるからである。

先述のように、ＤＶとは、暴力によって他者を支配することである。ＤＶ加害者は、一人の女性の人生を、あるいは人格を、自分の意のままに操ることによって、その無力感を贖う。

同様に、子どもへの性的虐待の加害者にも、子どもに対する支配欲求が存在しているのではないだろうか。

繰り返し述べているように、性的虐待は、子どもや子どもとの関係を「乱用」して親が自分の欲求を満たそうとする行為である。そこには、親の性的な欲求も存在するが、それ以前に、子どもへの支配欲求が存在する場合が圧倒的に多い。子どもを意のままにするという支配欲求が、性的欲求を内包している。あるいは、通常ではありえないような、「性的な行為まで可能であるほど子どもを支配している」といった全能感が存在する。

このような支配欲求が共通していると想定することで、DVの加害者像と性的虐待の加害者像の共通性について、少なくとも理論的には、説明可能である。この推論が妥当ならば、DVと性的虐待の合併が少なくないという筆者の臨床経験も説明可能となろう。

次の章では、この性的虐待について、あらためて考えてみたい。

※章末に、九〇ページにあげたDVの定義について補足して述べておきたい。

「何をDVとみなすのか」という定義の問題に関して、筆者は明快に答えられないとの思いを抱いている。というのは、八九ページにあげた内閣府の調査では、二〇歳以上の男性にも同様の質問をしており、回答のあった男性一〇七七人のうち一七・七パーセントが、三つのタイプの暴力のいずれかを経験したと答えているためである。こうしたデータをもとに、「今日、DVという概念で夫から妻などへの暴力を問題視するが、それは過剰反応である。現に、夫も妻から同様の暴力被害を受けているのだ」という反論がなされることがしばしばある。

また、心理学者スザンヌ・スタインメッツは、「物を投げつける」「殴る」「蹴る」「ナイフや銃で脅す」などの家庭内暴力に関するすべての項目に関して、夫から妻への暴力よりも、妻から夫への暴力の方が上回ったと報告している。この報告を受けて、「DVの被害は、実は、夫のほうが多く受けている」という主張もなされている。

DVの実態をめぐるこうした混乱状況の一因は、「どのようなものをDVとみなすか」という、定義の問題にかかわっているように思われる。内閣府やスタインメッツの調査で挙げられた項目は、項目だけを見れば、確かに暴力であり、場合によっては暴行罪や傷害罪の対象となる可能性がある。しかし、それだけで、DVにあたるわけではないと、筆者は考えている。暴力とDVとは百パーセント、イコールではない。それを同一視することによって、男性もDVを受けているという主張が生じるのではないかと思われるのだ。

では何をDVとするか、については、九〇ページに「筆者の考える定義」として述べた「ある人が、性的に親密なパートナー関係にある他者を、精神的な支配状態に置くことを目的とし、そのための手段として身体的暴力、心理的暴力、性的暴力、経済的暴力などを加えたり、あるいは社会的に孤立させたりする状態」である。つまり、DVとは、暴力によって維持されるパートナー間での支配関係であるというのが、筆者の考えである。

第４章　性的虐待は子どもをどのように蝕むのか

涼子さんの場合

小学校四年生の涼子さんが児童相談所に一時保護された。涼子さんの通う小学校の養護教諭が、父親から性的な行為をされている疑いがあると通告したためである。

涼子さんは、実母と、実母の再婚相手である継父との三人暮らしであった。ある日、涼子さんが「おとうさんがおまたに痛いことをする」と、養護教諭に相談したとのことであった。いぶかしく思った養護教諭が「痛いこと」の内容を尋ねたところ、涼子さんは、継父とともに入浴しており、継父が涼子さんのからだを洗っていること、その際に涼子さんの性器に指を挿入していることが明らかとなった。

涼子さんの母親は、いわゆるキャリアウーマンと言われる女性で、非常に忙しく働いており、涼子さんの日常の世話は、彼女が四歳のころに再婚した夫、つまり涼子さんの継父が担っていた。

児童相談所での面接で、継父の涼子さんに対する性的虐待の開始は一年前にさかのぼることが明らかになった。それは、継父のマスターベーションを涼子さんに手伝わせるというものであった。継父は自分の性器を涼子さんに握らせて性的刺激を得ていたようで、涼子さんは「パパのおちんちんから白いおしっこが出た」と、児童相談所の心理司に語っている。

児童相談所からの詰問に対して、継父は、涼子さんに対する性的虐待の事実を認めた。彼の語るところによれば、当初は涼子さんに対して性的な関心を持ってはいなかったということである。前述したように、涼子さんの母親は常に忙しく働いており、世話の大半は継父が担っていた。そのため、涼子さんのことをいとおしく思うようにはなっていたものの、性的な行為の対象などとは考えていなかったと、継父は述べている。

しかし、ある日、自室でマスターベーションをしている際に、ふと、「自分の手でするよりも、涼子に刺激してもらったほうが、気持ちがよいのではないか」と考え、涼子さんを自室に呼びいれて性器を握るように命じたとのことであった。

継父の話では、涼子さんはさほど嫌がるそぶりは見せなかったとのことであったが、涼子さんは、「気持ち悪いと思ったけど、パパは本当のパパじゃないのに涼子のご飯とか作ってくれるし、遊びに連れて行ってもくれるから、お願いを聞いてあげないといけないかなと思った」と述べている。

そうした行為がたびたび行われ、その後、継父は涼子さんの性器をさわりながらマスターベーションをするようになっていった。彼は、「妻に相手にされていないような気がしてさみしかった。本当の父親ではないけど涼子は自分だけのものだという気がして、気がつくとこんなことをしてしまっていた」と述べている。

涼子さんの母親は、当初、夫が性的虐待を行っているという児童相談所の福祉司の話に対して、「そんなことはありえない。娘が嘘をついているにちがいない」と完全に否認していた。しかし、継父自身がその事実を認めたこともあり、渋々ながらも涼子さんの話を信じるようになった。その後、両親は離婚し、涼子さんは母親のもとに引き取られることになった。

性的虐待のイメージ

読者の方々は、子どもに対する性的虐待にどのようなイメージを持っておられるだろうか？

おぞましい、非常に特殊な現象という印象を持っておられるのではないだろうか？自分の子どもに性的な行為を行う親については、どのような人物だと想像されるだろうか？

子どもに対して性的欲求を持つという、きわめて異常な、モンスターのような人間だと思っているのではないだろうか？

しかし、事実は違うようである。

現在、少なくとも子ども虐待に対応している相談機関の職員であれば、性的虐待の事例にかかわったことがない者はいないだろうが、誰に聞いても、たいてい「自分が会った加害者（父親）は、けっしてモンスターのような存在ではない」と答えるだろう。

涼子さんの継父も、どこにでもいそうな、ごく普通の父親という印象を与える男性だった。また、少なくとも、彼自身が語るところによれば、涼子さんに対する行為の以前には、成人女性との性的関係に満足を感じており、子どもに対して性的な関心を持ったことも、あるいはそうした行為を行ったこともなかった。

性障害と分類されるもののなかには、成人の女性より子どもに対して性的な欲求を感じたり、あるいは子どもに対してのみ性的欲求を持つ、小児性愛障害（ペドフィリア）というものがあることが知られている。しかし、家庭内で子どもに性的虐待を行う者の大半は、この小児性愛障害には該当しない。

このように、性的虐待の実態と、性的虐待を行う者に対して一般市民が抱いているイメージとは、かなりかけ離れているように思われる。

本章では、そうした性的虐待の実態と、それが子どもの心に及ぼす影響に関して見ていく。第1章でも性的虐待については、他の虐待のタイプの説明とあわせて述べてきた。ただ、重大な問題にもかかわらず、その影響が過小評価され、いまだに社会の関心が十分でないことなどの理由から、独立した章として取り上げたい。

統計の上では少ない理由

第1章でも述べたように、世界のどの国やどの社会においても、子どもへの虐待が問題視され、その対応が講じられていく際には、まず、身体的虐待が問題とされ、その後、ネグレクト、性的虐待、そして心理的虐待の順に社会的関心の焦点が移行していくと言われている。

先に述べたように、「性的虐待」の問題に、少なくとも現時点において、日本社会はきちんと向き合っていない。日本が性的虐待の問題をいまだに的確に認識できていないことは、統計にも反映されている。

たとえば、二〇〇八年度の全国児童相談所への虐待関係の通告件数の総数は四万二六六四件であったが、そのうち性的虐待に関する通告は約一三二四件であり、全体に占める割合は約三パーセントで、欧米の先進各国の統計に比べると、日本はひと桁違っている。

かつて「日本人は欧米人に比べて子どもに対して性的関心を持つことが少ないため、日本では性的虐待が少ないのだ」という説明がなされていた。しかし、いわゆる援助交際と呼ばれる現象、子どもに対する性犯罪の現状、子どもポルノの巨大なブラックマーケットの存在などを考えると、この主張は意味をなさないように思われる。性的虐待の通告件数の相対的低さは、おそらく、過小評価とそれにともなう過少報告の結果であると思われる。日本の社会は、いまだに、子どもの性的虐待という問題を的確に認識できていないと言えるだろう。

これも先にも述べたが、性的虐待を受けている子どもの年齢別の分布は、欧米では、六歳頃の就学期、一二歳頃という二つの峰を持つことになる。また、米国の統計によれば、性的虐待を受けた子どもの年齢分布では、八歳が中央値になる（つまり、年齢が八歳よりも高い子どもと低い子どもが同数いる）。思春期年齢未満の子どもも、かなり多く性的虐待の被害を受けていることがわかる。

これに対して、日本の性的虐待を受けた子どもの年齢別分布は、一二歳頃の子どもをピークとした一峰性（単峰性）にしかならない。つまり、思春期以前の峰が存在しないという特徴を示している。

すなわち、日本では、思春期年齢未満の幼い子どもの性的虐待が見落とされている可能性が非常に高いということになる。

後からわかったケースは統計に反映されない

筆者は、日頃、虐待を受けて家庭から分離された子どもが多く生活する児童養護施設で、子どものケアにかかわっている。こうした児童養護施設には、家庭で父親などから性的虐待の被害を受けた子どもも多く生活しているが、彼らに性的虐待の被害経験があることが判明するのは、施設に入所して以降であることが多い。むしろ、児童相談所がかかわっている時点では明らかにならなかった被害体験が、児童養護施設に入所して適切なケアが提供されていく中で明らかになっていく事例のほうが圧倒的に多い。

しかし、施設入所後に性的虐待がわかったとしても、あとから児童相談所のデータが修正されることはない。したがって、先に述べた児童相談所への通告件数の統計には、事後に判明した性的虐待の事例は反映されていない。

しかも、施設入所後にその被害が明らかになる事例の大半は、子どもが幼児から小学校低学年という年齢帯、つまり、思春期前の被害なのだ。このように、日本では、性的虐待は過小評価、過少報告という状況にあり、また、思春期以前の年齢帯の子どもに特にその傾向が顕著であると推測できよう。

幼い子どもへの性的虐待は把握されにくい

幼い子どもの性的虐待が的確に把握されない理由の一つには、性的虐待という現象に対する理解の不十分さが考えられる。

性的虐待の背景には、まず第一に、性的欲求が想定される傾向がある。性的欲求を中心にすえて考えるなら、その対象となるのは、思春期に入って第二次性徴を迎えた女の子であると想定される。思春期以前の女の子は、女の子であって、けっして女の子ではない。したがって、性的虐待の対象となるとは考えにくい、ということになる。

しかし、性的虐待に向かう欲求とは、繰り返し述べてきたように、性的欲求より支配欲求が先行している。したがって、思春期前の幼い子どももその対象となりえる。

「性被害を受けるのは思春期以降の女の子」という常識が、子どもの性的虐待の実態の認識を阻んでいる可能性が高い。そして、こうした誤った認識は、一般の人々のみならず、子どもの援助や支援に携わる専門職にも広く見られる（なお、性的被害は女の子に限ったことではなく男の子が受けることもある。しかし、男の子の性的被害は学校や学童クラブなどの家庭外で生じることが多く、家庭内性的虐待における男の子の被害はさほど多くないと考えられている）。

思春期前の子どもへの影響

性的虐待の影響は、子どもの年齢、虐待行為の頻度や期間、暴力などによる強制の有無、被害のタイプ（特に性器や肛門への挿入の有無）、子どもと加害者の関係など、さまざまな要素の影響を受ける。

ここでは、「父親などの保護者の立場にある親族男性からの、ある程度の長期にわたって、激しい身体的暴力を伴わない性的被害で、必ずしも性器性交や肛門性交を伴わない性的虐待を経験した子ども」という典型的な事例について、子どもの年齢を思春期前と思春期後に分けて見ていくことにする。

幼児期や小学校低学年ぐらいまでの幼い子どもの場合には、子どもは、性的虐待の行為の本当の意味、つまりそれが性的な意味を持つ行為であるということを理解していないことが多い。したがって、その行為に、たとえば性器や肛門への手指などの挿入があって子どもが身体的苦痛を感じている場合には、性的虐待というよりも身体的虐待と同様の影響を子どもに与える可能性がある。

また、非接触性の性的虐待（直接その子どものからだにはさわらない虐待。たとえば、アダルトビデオなど性的刺激になるものを見せるなどの虐待）の場合や、身体的接触はあっても身体的苦痛が伴わない場合には、「虐待」としての顕著な影響が見られないこともある。こうしたことから、たとえば古典的な精神医学の教科書では、子どもの年齢が幼い場合には性的虐待は精神的影響を与えないという記述さえ見られる。

しかし、これは、子どもの発達を考慮に入れないことによる誤解である。幼い子どもの頃は無症状でも、思春期になって自分の体験したことの本当の意味が理解できるようになると、その理解がもたらす精神的衝撃によってさまざまな症状や反応が顕在化するといったことが起こりうる。つまり、成長してからその行為の意味を知ることがトラウマ性の体験となりうるわけである。性的虐待行為が非接触性であっても、あるいは、身体的な苦痛を伴わなくても、子どもに行動上の影響が観察されることが少なくない。

その影響とは、①（特に人前での）過剰な性器いじり（マスターベーション）、②性化行動（通常の行動に、無意識のうちに性的な色彩が備わるもの）、そして③性的な遊びなどである。

以下に、これらの影響について、ひとつずつ見ていこう。

過剰な性器いじり

性的虐待を受けた子どものなかには、特に性器への接触をともなう被害を経験した子どもには、自ら性器に刺激を与えるという行動を学習し、それを強迫的に繰り返す子どもがいる。章の冒頭にあげた涼子さんの例でも、入浴中に継父から性器をさわられるという被害を受けはじめた頃に学校でも性器いじりが頻繁に見られるようになり、担任の教師から何度か注意されることがあったという。

もちろん、性器いじりという行為自体は、発達的に見て何ら異常ではなく、乳児期から観察されるものである。乳児や幼児が、性器への刺激が快感をもたらすことを「発見」するのは偶然の所産である。多くの場合、夜寝ているときに布団や枕などが性器にあたり、その刺激が快感をもたらすことを子どもは知る。しかし、興味深いことだが、こうした発見をした子どもの多くは同様の行為を繰り返すように思われる（たとえば枕が性器にあたって気持ちがよいと感じた子どもは、枕に性器のあたりをこすりつける行為を続ける）。

こうした観察からは、枕による刺激から手指による刺激への移行は、容易ではないことがわかる。ということは、手指で性器を刺激する幼い子どもの多くは、何らかのかたちで、性器への手指による刺激を経験した、と言うことができる。もちろん、なかには、入浴中や排便の際、指が偶然性器にあたって快感を得たという子どもも含まれるだろう。しかし、その割合はそれほど高くないと思われる。ということは、過剰な性器いじりをする子どもの多くは、誰か他者の手指による性器への刺激、つまり性的虐待を経験したと考えられるのである。

性化行動

性的虐待を受けた子ども、とりわけ幼児期から小学校低学年の子どもに多い特徴的な行動として、「性化行動」がある。性化行動は、「性的な意味を持つ行為が性的な意味とは無関係に行われる、あるいは性的な文脈とは無関係に出現する」ものと、「通常の行為に性的な色彩が備わる」ものという二つに大きく分かれる。

前者の例としては、たとえば、寝ているとき父親に、父親の性器をさわらされる体験を慢性的にしている幼児が、保育所で男性保育士が添い寝をした際、保育士の性器をさわろうとするといったものがある。これは、父親からの性的虐待の体験によって、男性の性器を刺激するという行動を学習してしまい、それが男性保育士による添い寝という場面において、性的な意味合いはなく生じるものと考えられる。このように、こうしたタイプの性化行動は、「学習」の結果として理解される。

その一方で、後者のタイプである「通常の行為に性的な色彩が備わった行為」については、少なくとも筆者の知識及び理解では説明することが難しい。

たとえば、まだ四、五歳なのに、どこか非常に性的な雰囲気を醸し出すといったものや、子どもを抱っこした際、その子からなにがしか性的刺激を受けるといったものなどが含まれる。このタイプについては、「学習」では説明がつきにくく、そのきっかけやプロセスなども十分に理解されているわけではない。

性的な遊び

性的虐待を受けた幼い子どもの特徴としてもう一つ挙げられるのは、「性的な遊び」である。通常の発達の過程でも、性的な遊びは観察されるが、ここで言う性的な遊びには、それらとは異なった特徴がある。

発達の経過で観察される正常な性的遊びの典型例として、幼児期中期から後期にかけての「お医者さんごっこ」があげられる。この年頃の子どもは、男の子は女の子の、そして女の子は男の子の性器や排泄場面に興味を持ち、遊びのなかで見せ合いっこをすることがあり、これを「お医者さんごっこ」と呼ぶ。これは、大人から見れば性的な遊びのように思われるかもしれないが、幼児にとっては、排泄と性差への関心の表れであると考えられる。

こうしたお医者さんごっことは異なり、性的虐待を受けた子どもの性的遊びは、より特定的なあらわれ方をする。たとえば、リカちゃん人形とリカちゃんのお父さん人形とを裸にして重ね合わせたり、自ら裸になって幼児二人で抱き合ったりなどといった遊びが観察される。

幼児期から小学校低学年頃にかけて、性化行動や性的遊びが顕著に見られる場合には、たとえば、親の性交場面の目撃や、アダルトビデオを見せられるなどの非接触性の体験を含め、何らかの性的虐待を受けていると見て間違いないだろう。

なお、ウィリアム・N・フリードリッヒが作成した「子どもの性的行動チェックリスト」(child sexual behaviors inventory : CSBI) という行動評価のためのチェックリストがある。このチェックリストでは、正常な発達経過で観察される性的行動と、性的虐待に由来すると考えられる性的行動とを評価し、性的虐待を受けた可能性をスクリーニングできるようになっている。

摂食障害

子どもが思春期以降になると、たいていの場合、虐待行為の意味を理解するようになるため、性的被害としての意味合いが濃くなる。被害の影響は、精神科症状と、行動上の問題とに大きく分かれる。

思春期以降には、性的虐待の影響(後遺症)は、精神科症状としてあらわれることが少なくない。たとえば、摂食障害、いわゆるリストカット症候群などの自傷行為、疼痛《とうつう》、喉の違和感や嚥下《えんか》困難など呼吸器系・消化器系の身体症状、あるいは解離性障害など、さまざまである。

過食嘔吐などの摂食障害は、性的虐待の後遺症として珍しくない。なぜ、性的虐待が摂食障害をもたらすのか、その原因は不明な点も多いが、その一部はいわゆる「女性であることへの否認」によるのではないかと考えられる。

性的虐待を受けた子どものなかには、自分が女性であるためにそうした被害を受けたと考え、女性であることに拒否感を抱く女の子もいる。そして、そういった子どもが女性であることを否認することがある。彼女たちは自分のことを「ぼく」と呼び、ヘアスタイルや服装などをボーイッシュにして、まるで男の子であるかのようにふるまう。

しかし、思春期に入って迎える第二次性徴は、少女たちに女性であることを突きつけてくる。どれだけ女性であることを否認しようと、身体的な変化は避けようがない。この身体的変化に対して、女性であることを否認しようとする子どもたちのなかには、「食べないこと」で対処しようとする子どもがいる。「食べるから胸やお尻が大きくなるんだ。だったら食べなければいい」と考えるわけである。こうして、拒食症（思春期不食症）に至ると考えられる。

自傷行為と自己調整障害

自分の身体をカッターなどで切ったり、煙草の火を押しつけて火傷したりするなどの自傷行為は、身体的虐待やネグレクトなど、虐待全般の影響として見られることが多いが、なかでも、性的虐待の場合には、非常に深刻なものとなることが少なくない。

虐待の後遺症として自傷行為が見られるのは、感情調整障害とかかわっている場合が多い。虐待を受けて育つことによって、子どもは、自分の不快な感覚や感情を調整する能力を形成する機会を得ずに成長することになるからである。

乳幼児は、自分の不快な感覚や感情を自分で調整する能力を持っていない。そのため、不快に感じると、そのことを泣き声で養育者に知らせる。泣き声を聞いた養育者は、話しかけたり、あやしたり、なでたり、あるいは抱き上げたり軽く揺すったりする。身体接触などのさまざまな身体的刺激を子どもに提供するわけである。

乳幼児は、こうした養育者から与えられる刺激を手掛かりとして、「不快」→「快」の状態に戻ることができる。幼いうちは、いったん「不快」の状態に陥ると、自分自身では「快」の状態に戻ることができず、その回復のために養育者の手助けが必要となるわけである。

しつけとは、本来、こうした手助けの提供を意味する。しつけという言葉は、「子どもに我慢するなど自己抑制を覚えさせる」といったイメージを与えがちだが、本来はそうではない。本来は、「不快」の状態に陥った子どもが「快」の状態に回復できるように養育者が刺激を与える営みを「しつけ」と呼んだのだ。ゼロ歳から三歳くらいにかけて、養育者が営々と行うこのしつけが、子どもの心にある「種」をまくことになる。その種とは、「『不快』の状態に陥った際に、親の手助けなしに自分の力で『快』の状態に戻ろうとする」こと、つまり自己調整の試みである。適切な「しつけ」を受けてきた子どもの場合には、三歳頃からこの試みが始まり、その後、成長にともない、自己調整能力が育っていく。

虐待やネグレクトなどは、こうした自己調整能力の発達を阻害してしまう。子どもが「不快」の状態に陥って泣いたとき、親はその泣き声に耐えられず、怒鳴りつけたり叩いたりするなど、力ずくで泣きやませようとすることが少なくない。前述のように、子どもが泣きやむように、つまり「快」の状態に回復できるよう手助けをするのではなく、怒鳴り声による恐怖や暴力による苦痛によって、いわば強制的に子どもを泣きやませるのである。それで子どもが泣きやんだとしても、それは、「『快』の状態に戻った」のではなく、親の行動に恐怖を感じ、あるいは痛みを感じたために「『不快』の状態を押し込めた」にすぎない。

このように、親の力によって強制的に泣きやむ経験を繰り返した子どもたちは、重要な自己調整能力の発達の機会を奪われてしまうことになる。その結果、何歳になっても、不快な感情や感覚をおぼえるたびに、それをコントロールすることができず、まるで泣きわめく乳児のように、不快感を周囲に撒き散らすという、自己調整障害を呈することになる。

なかには、不快な感情や感覚に耐えられず、不快感を払拭しようとして、自分のからだを傷つける、つまり自傷行為を行う子どもが現れる。

彼らは、「どんなときに切るの?」と問われると、「なんだかわからないけど、すごく嫌な感じがするとき」と答える。感情調整障害であるがゆえに、その不快感の原因を理解できないままに、「すごく嫌な感じ」が身体全体に広がったように感じるのだ。そして、「切るとどうなる?」という問いには、ほとんどの子どもが「すっきりする」「何となく楽になる」と答える。自分の身体に強い痛みを与えることによって、からだ中に広がった不快感を、いわば吹き飛ばしているのである。

なお、自傷行為の病理については、ここで述べた「自己調整障害」という理解以外にも、さまざまなタイプの存在が指摘されている。しかし、筆者は、不適切な養育を受けた子どもの自傷行為の多くには、この理解がよくあてはまると考えている。

「汚れてしまった自分」

性的虐待を受けることで、子どもは「汚れてしまった自分」というイメージを持つことがある。

虐待やネグレクトを受けた子どもには、自傷行為を行ってしまう子どもも少なくないが、とりわけ性的虐待を受けた子どもに、こうした自傷行為が顕著であり、より深刻な行為が見られる。それは、単に自己調整障害のあらわれという意味だけではなく、このような自己嫌悪などの感情が加わるためではないかと考えられる。

特に、性交被害を受けた子どもは、「からだの中が汚れてしまった」と感じるようである。「汚れた血」を流し出そうとしてからだを切るものがいる。単にからだを切るのではなく、意図的に血管を切る子どもさえいる。彼らにとっては、自傷行為と自殺行為との境界はあいまいになっているのかもしれない。

また、性器があるから性被害を受けたと考え、あるいは、「穢《けが》れた性器」が身体に備わっていることに耐えられず、性器を切る子どもさえいる。

下腹部の疼痛や喉の違和感

性的虐待を受けた子どもには、しばしば、器質的（身体的）な原因のない疼痛が見られる。特に下腹部の疼痛は、おそらく、性交被害や性器への異物の挿入、あるいは暴力的な接触の際の身体的苦痛をからだが記憶しており、それが再現されるものだと考えられる。

また、喉の違和感もみられるが、これは、口腔性交の際、口の中に射精された体験に関連している可能性が高いと考えられる。口の中や喉に精液が溜まった感覚が記憶されて異物感となったり、嚥下困難が生じたりすると考えることができる。

エディプス・コンプレックスという概念を提示したフロイトが、それ以前には、思春期以降に顕在化するヒステリー症状の原因は、子どもの頃に受けた成人男性からの性的な誘惑（今日の言葉では性的虐待に当たる）にあるとする「誘惑説」を提唱していたことは有名な話である。フロイトが記述したヒステリー症状の一つに、胃のあたりからピンポン玉のようなものがせり上がってきて喉のあたりに詰まったような感覚を引き起こす「ヒステリー球」という症状があることは興味深い。

性的虐待による解離性障害とは

解離とは、意識、記憶、自己同一性など、本来であれば統合性が保たれているはずの機能が、何らかの理由で破綻し、断片化（解離）した状態を意味する。

解離状態は、日常的に誰にでも起こりうる状態（たとえば、何かのきっかけでぼうっとして周囲の状況を意識できなくなった、高速道路を走行中に別のことに意識が行ってしまい、気がついたら降りるべき出口の直前まで来ていたなどという場合）から、解離性同一性障害（かつては多重人格性障害と呼ばれた）といった重篤な精神障害まで、スペクトラム（連続体）をなすと考えられている。

解離性障害の五つの症状

この解離状態のうち、頻度や程度が通常の範囲を超えてしまい、その人の日常機能に問題をもたらすようなものとなった場合には、「解離性障害」という精神障害に含まれることになる。米国の精神医学会が定めた精神障害の診断基準であるＤＳＭに、解離性障害として診断基準が記載されているのは、次の五つである。

・**「解離性健忘」**（トラウマ性の出来事やストレス性の非常に高い出来事や情報の記憶を思い出せなくなる）
・**「解離性遁走《とんそう》」**（家庭や職場から突然出奔し、それまでの過去の記憶や個人の同一性を失ったり、別の同一性を持って別人として生活を送ったりする）
・**「離人症性障害」**（自分自身の精神過程や身体から遊離しているという持続的、あるいは反復的な感覚が生じる。現実の出来事の検討は正常に行うことができる）
・**「解離性同一性障害」**（複数の同一性あるいは人格状態が存在し、それらが繰り返し交代してその人

の行動をコントロールする。ある人格状態であるときに別の人格状態の際の記憶が思い出せなくなることが多い）

・「**特定不能の解離性障害**」（解離性症状が優勢であるものの、特定の解離性障害の診断基準は満たしていないもの）

解離とは、心が自らを守る機能、つまり心理的防衛の一つであると考えられている。たとえば、大学でつまらない講義を聴いていて退屈という不快な状態を経験し続けなければならないような事態に陥ったとき、「心ここにあらず」の状態でどこか別の世界に意識を飛ばすことによって、心は退屈な講義から「守られる」わけである。こうしたことは、誰でも経験していることだろう。そういう意味で、解離状態はけっして病的なものではないのだ。

こうした心理的防衛は、虐待などの体験の際に作用することが少なくない。たとえば、親の顔に怒りの形相を見たとたんに意識が解離してどこか別の世界に「飛んで」しまう。その結果、親の怒鳴り声が聞こえなくなり、あるいは、感覚の解離によって殴られる痛みも感じなくなる。解離の働きによって、そうでなければトラウマとなるような体験を、意識から遠ざけることが可能となるわけである。

そして、こうした解離は、性的虐待に対して、もっとも活発に働くと考えられている。子どもは親のもとから逃れることはできない。幼い子どもは「親がいなくても生きていける」とは考えない。子どもが、親のいない生活や、親もとから逃れることを考えることができるようになるのは、九～一〇歳以降、思春期に入ってからのことである。

親が性的虐待を行う際、逃げられない子どものなかには、意識だけでもその場から逃がそうとする子どもがいる。解離という防衛機制によって、意識はからだを離れ、天井に上がり、ベッドの下に潜り込み、あるいはクローゼットの中に隠れる。性的虐待を経験した子どものなかには、こうした「体外体験」(意識が身体の外に出る体験)をしている子どもが少なくない。なかには、その際の様子を、「ベッドの上で父親と横たわっている自分」と「天井の裏で、ベッドの上の『もう一人の自分』を見ている自分」に分かれた自分として、絵に描く子どももいる。

このように意識を解離させることで、性的虐待という非常に苦痛となる体験から心理的に距離をとることができ、そのぶんだけ、衝撃を減らし、弱めることができるのである。

分断された人格

このように、解離は心を守るための機能を果たす。しかし、それが頻繁に生じることで、心は次第に、その一貫性や連続性を阻害されるようになる。性的虐待を繰り返し受けることで、何度も繰り返し解離状態に陥ってしまい、その結果、心は次第にバラバラになっていくのだ。

また、解離というものは、苦痛（この場合は性的虐待）に対する、いわば対処技術である。そのため、解離という技術を活用することを身につけた子どもは、性的虐待以外の、誰もが体験するような通常のストレスとなる出来事に対しても、無意識のうちに解離を用いてしまうようになる。

その結果、子どもの意識や記憶、あるいは日常の体験は、分断化されることになる。こうした分断化された体験がある程度のまとまりをもって個々に構成されるとき、あたかも異なった人格がひとりの人の中に複数存在するかのように見える状態（その意味で、「人格」ではなく「人格状態」という言葉が用いられている）に至る。そして、解離性同一性障害に至る——これが、解離性同一性障害が生じる大きな理由とプロセスとして考えられている。

子どもの発達と人格

性的虐待を体験した子どもが、思春期から青年期にかけて解離性同一性障害を発症する危険性が高いことは、これまでの研究から明らかとなっている。しかし、どうして別々の異なった人格状態を生じるのかということの理解は、「防衛機制としての解離」という説明だけでは得られない。

そこで、発達という観点が必要になる。

大ざっぱに言って、子どもの人格は、幼いときにはまとまりがなく、いわば断片化された状態だと考えられる。幼い子どもは、母親とともにいるときの自己、父親とともにいるときの自己、友人と遊んでいるときの自己、何かのごっこ遊びに興じているときの自己、一人でファンタジーの世界で遊んでいるときの自己など、さまざまな、相互にある程度独立した自己を持っている。そういった、比較的バラバラな、つまり断片化された自己が、発達とともに一つの人格へとまとまっていくと考えられる。

しかし、一つの人格にまとまっていくのには、かなりの心的なエネルギーを要する。時として、思春期の「自分がどういった集団と同じ特性を備えた存在であり、かつ、その集団の誰とも違った独自の存在であるか」という探索とそれにともなうアイデンティティ・クライシスに陥ることもある。人は、そうした大変な精神的作業を経て、成人期には一つのアイデンティティ（自己同一性）へと至るのである。

このように、断片的な自己が一つの自己へとまとまっていく過程において、その子が性的虐待や深刻な身体的虐待を受け、頻繁に解離が生じたとしたら、どうなるであろうか。

おそらくは、全体としてのまとまりのある人格には到達できず、部分的な構造化がなされ、まとまりきらない複数の人格状態にとどまってしまうと考えられる。このように、自己の統合という発達のプロセスを解離状態が阻害することで、解離性同一性障害と呼ばれる状態に至ると考えられるのである。

性的逸脱行動

性的虐待を受けた子どもが思春期以降になって呈する行動上の問題で、もっとも重要なのは、性的逸脱行動である。性的虐待を受けた子どもには、幼児期から前思春期にかけて、性化行動が見られるようになることは前に述べたとおりである。性化行動を示す女の子は、女の子のグループからは男の子に性的に「媚《こ》びている」ように見られてしまい、排除の対象になりやすい。同性グループから排除された女の子は、親密性を求めて男の子へと、より接近することになり、異性との早熟な関係を持ちやすくなると考えられる。

あるいは、性的虐待を受けた子どもは、性的に挑発的になり、無意識のうちに他者から性的行為や性的加害性を引き出してしまうことがある。その結果、再び性的被害にあってしまうことも少なくない。これを、性的虐待の「再現性」と呼ぶ（「再現性」については第5章で詳しく述べる）。

このような性的被害を重ねた子どもは、やがて、「性的被害を受ける立場に自らを置く」ようになる。たとえば、出会い系サイトによる異性関係やいわゆる援助交際という関係を持ってしまうなどである。こうした行動は、単に「性的にだらしがない」からではなく、あるいは「金銭的な目的」でもなく、性的虐待というトラウマ体験に起因することが少なくない。

子どもにかかわるさまざまな領域の専門家も、性的逸脱行動の背景に性的虐待が存在する事実に長らく気づいてこなかった。

大阪府の児童相談所の職員であった菅原昭秀氏が、大阪府下の児童相談所で扱った性的虐待の事例の詳細な調査を行い、これらの事例の大半に児童相談所がかかわりをもつきっかけとなったのは子どもの「性的非行」であったと報告したのは、一九九〇年のことである。この報告は、子どもが性的な問題行動を起こすまで、社会は子どもの性的虐待の事実を見過ごしてきたという実態を示唆するものであった。また、「児童相談所の職員が虐待という視点を持って子どもに接したからこそ、その背景にある性的虐待の事実が浮かび上がったのだ」と考えると、それまでは多くのケースが単なる「性非行」として処理されていた可能性が高いと言えよう。では、それから二〇年を経た現在の状況はどうだろうか。

私たちは、いまだに、子どもたちの「性非行」と性的虐待の関係に無頓着である。

なお、ここまで、子どもの性的虐待の影響を、精神科症状と行動上の問題に分けて見てきたが、これはあくまでも便宜上の分類に過ぎず、実際には重複して生じるものでもある。たとえば、自傷行為や摂食障害、あるいは解離性障害の症状が顕著に見られる子どもが、早熟な異性関係を持ち、援助交際を行っているといったことも少なくない。

この章では、社会でまだ過小評価されている性的虐待の実態と、それが子どもに及ぼす影響について見てきた。適切なケアや治療を受けない場合は、この影響が、人生を通してその人を苦しませ続けることになるのだ。

第5章　トラウマについて考える

この第5章からは、虐待が子どもの心に与える影響とそのケアについて、考えていきたい。

まず、この章では、トラウマについて考える。

トラウマという言葉自体は、すっかり一般的になったが、虐待が心に与えるトラウマとはどのようなものなのだろうか。

ある少年の話から始めよう。虐待のケースではないが、トラウマについて説明するためのエピソードである。

祐二くんの場合

小学校二年生の祐二くんは、母親と買い物に出かけ、通りを歩いている際に、前方から歩いてきた中年の男性に、すれ違いざまにいきなり突き飛ばされた。

祐二くんのからだは、数メートル吹っ飛び、車道に倒れこんだ。通行中の車が急ブレーキをかけたため、間一髪のところで交通事故は免れた。擦り傷や打撲は負ったものの、幸いなことに大きな傷はなかった。母親に助け起された祐二くんは、自分の身に何が起こったのか分からない様子で、ぼうっとした状態のまま、母親に抱えられるようにしてタクシーに乗り込み、帰宅した。

その夜、祐二くんは、激しい叫び声を上げて目を覚ました。驚いた母親が泣き叫ぶ祐二くんのからだを抱え、何があったのかを問いただしたが、祐二くんはひたすら泣き続けた。一時間以上泣き続けた後、再び祐二くんは眠りに落ちた。翌朝、不安に思った母親が昨夜の出来事を祐二くんに尋ねたが、いっさい覚えていないようであった。

その日、祐二くんは、いつもと変わった様子はなく、元気に登校した。

しかし、昼過ぎになって、母親は祐二くんが学校で興奮して大暴れをして手がつけられないので、迎えに来てほしいと教師から連絡を受けることとなった。母親が学校に着くと、祐二くんは、保健室のベッドで眠っていた。しばらくして目を覚ました祐二くんに、何があったのかと母親は尋ねたが、このときも、いっさい記憶がないようだった。

その後の祐二くんには、さまざまな変化が見られるようになった。幼稚園以来、ほとんどなくなっていた夜尿が連日見られるようになった。学校で授業中に考え事をしているようにぼうっとしてしまい、教師から注意されることが増えた。家でも同じような状態で、母親に声をかけられてふと我に返るといったことも、しばしば見られた。それまでにはあまりなかった忘れ物が非常に多くなった。さらに、いつもは楽しみにしていた休日の母親との外出を嫌がるようになり、だんだんと自宅や自室にこもりがちになっていった。自宅にいても、屋外で少しでも大きな音がすると、敏感に反応し、強い不安をあらわにするようになってしまったのである。

トラウマ性体験とトラウマ性の反応

この祐二くんの状態は、「男に突き飛ばされるという強い衝撃をもたらす予期せぬ体験」によって生じた、「精神的反応もしくは症状」であると理解される。

前者のような体験を「トラウマ性体験」と言い、後者の反応・症状を「トラウマ性の反応もしくは症状」という。

トラウマという言葉は、いまや、日常生活でごく普通に使われているが、プロローグで述べたように、この言葉を多くの日本人が知るようになったのは、一九九五年一月一七日に発生した阪神淡路大震災がきっかけである。

この震災は、震災という体験によって人が被るのは、死亡、身体の損傷、あるいは家屋の損壊など、物理的な「傷害」ばかりではないこと、精神、あるいは心が傷つき、ときにはその傷が癒えることなくその人の心理や行動に重大な影響を与え続けることを、日本人に知らしめた。そして、こうしたトラウマ性体験によって生じた、通常の「心の傷」と呼ばれる状態をはるかに超えた「癒しがたい傷」を意味するトラウマという言葉が欧米から輸入されることになったのである。

PTSD（外傷後ストレス障害）

阪神淡路大震災を契機に、トラウマという概念とともに日本に導入されたのが、トラウマによって引き起こされる精神疾患であるPTSDである。トラウマ性体験が引き起こす精神疾患として、公式の診断基準に採用されている（WHOの国際疾病分類第10版であるICD-10や米国の精神医学会が定めた精神障害の統計診断マニュアルDSMの第4改訂版であるDSM-Ⅳなど）。

PTSDの具体的な症状は、「侵入性症状群」「回避・麻痺性症状群」「過覚醒症状群」の三つに分けられる。

侵入性症状群には、トラウマ性体験をそれとは無関係な状況で再び体験しているかのように反応するフラッシュバック、思い出したくないのに思い出してしまう侵入性想起、そうした想起が睡眠中に生じる悪夢やそれにともなう夜驚などの症状が含まれる。

これらの症状に共通しているのは、過去のトラウマ性の体験を再び思い出したり、認知や感覚のレベルで再体験したりして、その体験当時の恐怖や無力などの感情（情緒）に再度苦しめられるということである。「侵入性」という言葉があてられているのは、それが

「意に反して」、つまり意識のコントロールを超えて起きてしまうためである。

章の冒頭で紹介したケースで、祐二くんが悪夢によって目を覚まし泣き叫ぶというのは夜驚だろう。また、学校での大暴れにはフラッシュバックが関与している可能性がある。さらに、日中のぼうっとした状態には、侵入性想起が関係しているかもしれない。

回避・麻痺性症状群には、トラウマ性体験の想起につながるような場所や人、あるいは会話などの回避、体験時の強烈な感情を避けるための感情の萎縮や鈍麻、トラウマ性体験の記憶の健忘などが含まれる。

「回避・麻痺」とあるが、「回避」とは、トラウマ性体験の想起が非常に強い苦痛をもたらすため、その記憶の活性化につながるような刺激を意図的に避けるということであるのに対して、「麻痺」は、体験を思い出せない、感情が湧いてこないなど、少なくとも意識や意図にかかわりなく起きる。この点で、回避と麻痺は異なった性質をもつ可能性があるが、「体験から距離をとる」という点では共通するので、同一のカテゴリーに含まれている。

祐二くんは、次第に外出が困難になっていったが、外に出ると人が行きかう通りがあり、歩いていると突き飛ばされたときの記憶がよみがえって苦しい思いをするため、そうした人混みや通りを回避するという意味があったのかもしれない。

一般的に言って、精神的な衝撃を受けるような体験をした場合には、その出来事を何度も思い返して心のなかで反芻《はんすう》し、当初の情緒的な衝撃を和らげながら徐々に心の整理を行うといった認知的な過程をたどる。しかし、トラウマ性体験は、反芻の際に生じる情緒的な衝撃があまりにも強く、いわば「心の容器」にはおさまらず、「侵入性症状」として体験されることになる。そこで、自らを守るためにその体験の記憶を意識から遠ざけようとすることで、回避・麻痺性症状が生じる。しかし、意識から遠ざけられた体験は、(衝撃を緩和するための通常の認知過程である) 反芻の作用によって再び意識に侵入する。このように、二つの症状群にいわば悪循環が生じて症状が固定化していく。

過覚醒症状群とは、危険な体験への反応として生じた神経過敏な状態が、トラウマ性体験=危機が去った後にも持ち越された結果として生じるものである。

危機が去った後にも、その人のなかでは、生理・心理的な「戦闘状態」が続いている。そのため、ほんのささいな刺激にも敏感に反応し、ときには飛び上がらんばかりになる「驚愕反応」が生じることもある。神経の高ぶりが抑えられないことからなかなか眠りにつくことができない「入眠困難」や、眠ってもすぐに目が覚めてしまう「途中覚醒」などの睡眠障害が生じることも少なくない。

祐二くんの場合、戸外の物音に対して非常に過敏に反応し不安定な状態になったというのは、この過覚醒症状にあたる。

ＰＴＳＤと虐待

一方で、トラウマ性体験の性質によっては、これらＰＴＳＤの三つの症状群（「侵入性症状群」「回避・麻痺性症状群」「過覚醒症状群」）とは異なる症状や反応が見られることも少なくない。

虐待の場合が、そうである。

虐待を受けた子どもの場合には、たとえば、ささいな刺激で非常に激しい怒りを持ち、その怒りを暴力的行動や破壊的行動で表現したり、あるいは自分自身の体を傷つける自傷行為に走ったりするなどの特徴が共通して認められる。しかし、こうした症状・反応はＰＴＳＤの診断基準には含まれていない。

また、激しい身体的虐待や性的虐待を受けた子どもの中には、第4章で述べたように、虐待を受けた当時の記憶が不自然に抜け落ちるといった解離性健忘や、まるで別人になってしまったかのようにふるまうという解離性同一性障害（かつての多重人格性障害）を含む解離性障害が認められることもある。しかし、現行の診断基準では、ＰＴＳＤと解離性障害はまったく別の診断分類に属しており、その関連についての検討はされていない。

DSMとベトナム帰還兵

こうした問題が生じている背景には、前述のDSMにおけるPTSDの診断基準の成立の経過がかかわっている可能性が高い。少し長くなるがその事情にふれておこう。

DSMにおいてPTSDが初めて正式な精神疾患として認められたのは、一九八〇年に改定されたDSM-Ⅲ(第三版)からである。

当時、米国においては、社会問題化していたベトナム帰還兵の戦争体験に起因する精神的問題への対応が急務であり、そのために、いわば急ごしらえ的にPTSDの診断基準を制定することになった。

その背景には、日本と違い、米国にはDSMに示された診断基準を満たす精神疾患でない限り、保険による医療費の支払いが行われないという医療経済的な事情があった。当時、ベトナム帰還兵がいかに精神的不調を訴えても、それらの症状に応じた精神疾患の診断基準が当時のDSMにはなかったため、保険組織から医療費がまかなわれなかったのである。そのためとにかく一刻も早く、診断基準を策定する必要があった。

その際に参考にされたのは、現に精神的不調を訴える帰還兵たちの「症状」であり、それ以外には、第一次世界大戦および第二次世界大戦の際の兵士の「精神疾患」を記した精神科医エイブラム・カーディナーの『戦争ストレスと神経症』（一九四一年、邦訳二〇〇四年刊）であったと言われている。つまり、PTSDの診断基準は火急の必要に迫られ、数あるトラウマ性体験のうち戦争体験のみに基づいて、定められたわけである。

こうした経緯から、虐待やDV被害といった、身近な人との対人関係におけるトラウマ性体験による症状や、（兵士という「成人」ではない）子どもが呈するトラウマ性症状は「排除」されてしまった。虐待などの不適切な養育という慢性的なトラウマ性体験が、成人ではない子どもに与える影響としては、先に述べたケンプの「殴られた子どもの症候群」が提案されていたが、これがPTSDの診断基準に含まれることはなかったのである。

慢性的トラウマ

さて、PTSDは、トラウマ性体験の中でも、一回限りの「限局」的な体験——災害や交通事故などのような、時間的、空間的に限定された体験——の際に生じる傾向があることが指摘されている。

そのため、虐待やDVなどの家庭内暴力や長期にわたる監禁などの慢性的、あるいは反復的なトラウマ性体験による反応や症状をとらえるには、別の概念が必要であると考えられる。そのことを理解いただくために、次の恵美さんの例を見ていただきたい。

恵美さんは夫からの慢性的な暴力被害を受けている、二七歳の女性である。大学卒業後、三年間は事務職として勤務、現在の夫と二年前に結婚し、一歳になる子どもがいる。結婚前の恵美さんは、親しい友人も多く、英会話学校に通ったり、休暇には友人と海外旅行を楽しんだりするなど、快活であった。しかし、新婚時から始まった夫からの暴力は、恵美さんをまったく別人に変えてしまったかのようであった。ほとんど一日中家に引きこもった状態となり、夫と一緒でないと外出もできなくなっていった。家事全般に関してもすべて、夫の指示がなければ動けず、まるでいっさいの物事に自信を失ったかのようであった。

子育てもいっさいできなくなった。子どもの泣き声を聞くと非常にイライラし、子どもを殴ったり、あるいは自分自身の体をカッターナイフで切ったりなどの自傷行為におよぶこともしばしばであった。そのため、子どもは数ヵ月前から夫の両親のもとで育てられることになった。

恵美さんは、時折、地域の保健センターに「夫から暴力を受けている。苦しい、助けてほしい」とか細い声で電話をかけてくることもあった。しかし、電話を受けた保健師が家庭訪問をすると、恵美さんはドアを開けようともせず、「何しに来た、お前らなんかに用はない、帰れ！」と叫び、内側からドアを激しく叩いて怒りをあらわにするような状態で、保健師が「もしかしたら別人ではないか」といぶかるほどだった。

保健師がしかたなく、ドア越しに夫からの暴力について状況を尋ねると、「誰もそんなことは言ってない。夫は素晴らしい完璧な男性で、私は夫なしでは生きていけないんだ」というようなことを述べ、保健師を当惑させた。

DESNOSという診断基準

この恵美さんの状態は、PTSDにおさまらない症状も含んでいる。

このような症状をとらえるものとして、従来の診断基準を補う、新しい診断基準・疾病分類が提案され、注目されている。二〇一〇年八月現在、公式な診断基準にはなっていないものの、これらを用いることで、虐待によるトラウマを、よりわかりやすく説明／理解することができる。

おもなものとして、複雑性PTSD（complex PTSD）やDESNOS（disorder of extreme stress not otherwise specified：その他に特定されない極端なストレス性障害）といった診断基準、疾病分類が提案されている。

複雑性ＰＴＳＤとは、現行のＰＴＳＤを単純性ＰＴＳＤ（simple PTSD）として、それとは別のものとしてつくられた分類である。

近年注目されているのが、ＤＥＳＮＯＳである。このＤＥＳＮＯＳは、次の五つの症状群からなる。

1 **「感情的興奮の調整における変容」**（慢性的な感情調整不全や怒りの調整の困難など）

2 **「注意及び意識の変容」**（解離性健忘を含む解離性障害など）

3 **「身体化」**

4 **「慢性的性格変化」**（自尊心の低下、傷ついた自己像、加害者の理想化など他者像の歪み。また、こうした自己像と他者像の関係の問題として、信頼関係の形成困難や再被害化傾向が生じる）

5 **「意味のシステムの変容」**（絶望感や、神や人に対する信頼感の喪失など）

たとえば恵美さんの例では、まず、怒りの調整の困難、自尊心の低下、加害者の理想化、および信頼関係の形成困難や再被害化傾向などの4の「慢性的性格変化」があてはまる。また、引きこもり状態や訪問をしてきた保健師への言動には、自分をとりまく環境に対する基本的な信頼感の欠如が関与している可能性があり、そうであるなら、5「意味のシステムの変容」もあてはまる。このように、DESNOSという疾病概念を用いることで、慢性的・反復的なトラウマ性体験に起因する症状を的確にとらえることができる。まだ正式な診断基準とはなっていないものの、筆者は、このDESNOSや複雑性PTSDという疾病概念は、非常に有効だと考えている。

「発達途上の子ども」へのトラウマの影響

ここまで述べてきたように、虐待やネグレクトを受けてきた子どもの支援を考えるとき、「慢性的・反復的なトラウマ性体験による心理的・精神的影響」ということを理解することが、まず、重要である。

それに加えて、いま一つ検討すべきことがある。

それは、「発達」ということである。

すなわち、発達途上にある子どもがトラウマ性体験で受ける影響は、一応の発達は完了している大人の場合とは、違うのではないかという点である。

筆者は、その点について、二つの面の障害を中心にすえて理解している。それは、対人関係の障害と、自己調整（セルフコントロール）の障害である。

そして、これらの二つは、この章で述べているトラウマ概念と、次章で論じるアタッチメント（愛着）概念によって説明できると考えている。

この章の後半では、虐待やネグレクトを受けた子どもの対人関係の障害について、考えていこう。

トラウマの再現性

トラウマを受けた子どもの対人関係の障害について考えるとき、キーワードとなるのは、前章でも少しふれた、「トラウマの再現性」という概念である。

「トラウマの再現性」とは、トラウマになった出来事が、その人の生理、感情、認知、記憶、行動、対人関係などさまざまなレベルで繰り返し生じることを言う。

こうした再現性は、本来、精神的な衝撃に対する自我の対処機能であると考えられる。たとえば、危うく自動車にひかれそうになる体験をしたら、誰かに会うたびにその体験の話をしたり、あるいは友人に電話をかけまくったりするかもしれない。これは、「話すことによる」再現である。

あるいは、上司から心が傷つくことを言われて、その言葉が耳について何度も繰り返される、ということもあるだろう。その言葉を吐いたときの上司の顔が浮かんだり、その声が聞こえる気がすることもあるだろう。これは、「心的なイメージでの」再現である。

こうした再現には、その体験にともなう情緒的負荷を低減させる機能がある。当初は、その話をすることで、あるいは心のなかで言葉を反芻することで、その体験当時に経験した情緒的衝撃（悲しみ、怒り、絶望感など）がよみがえり、それを「再体験」することになるだろう。しかし、何度か話したり反芻したりしているうちに、当初ほどの情緒的反応は生じなくなっていく。いわば「慣れ」（心理学的には馴化《じゅんか》という）が生じるのである。

最終的には、情緒的反応はほとんど生じなくなり、「まあ、いいか」と「嫌な過去の記憶」として心のなかにいわば「収納」されることになる。こうなると、無意識のうちにその記憶がよみがえって、気がつくとそのことばかりを考えているといったことは起こらなくなる。

こうした自我の対処機能としての「再現性」が有効に働かない場合、再現という体験自体が逆に情緒的負荷を高めてしまい、心がますます不安定になってしまうことも起こる。つまり、再現性が症状化したり、あるいは病的な症状に転じてしまうのである。

先に、「一般的に言って、精神的な衝撃を受けるような体験をした場合には、その出来事を何度も思い返して心のなかで反芻し、当初の情緒的な衝撃を和らげながら徐々に心の整理を行うといった認知的な過程をたどる。しかし、トラウマ性の体験は、反芻の際に生じる情緒的な衝撃があまりにも強く、いわば『心の容器』にはおさまらず、『侵入性症状』

として体験されることになる」と述べた。つまり、このＰＴＳＤの侵入性症状も、トラウマの再現性の一つの表れだと言うことができる。

交通事故にあいかけた体験や上司の心ない発言なら、「再現」という対処機能でうまく処理できたとしても、親からの激しい身体的暴力、あるいは性的虐待を受けた体験はどうだろう。しかもそれが反復的、慢性的に生じた場合には、「再現」によって情緒的負荷が減じていくとは考えにくい。

ショックな出来事に対処するために、自我には「再現（→反芻→慣れ）」という機能しか備わっていない。そのため、虐待を受けた体験を繰り返し思い出し、苦しみ続けてしまう。しかし、いくら再現しても精神的衝撃は低下しないため、再現は営々と続くことになる。加えて、再現にともなう情緒的負荷の再体験があまりにも強烈であれば、思い出すこと自体が衝撃的な体験となり、当初の精神的な衝撃はさらにいっそう強まると考えられる。つまり、本来は精神的な衝撃を和らげる機能を担う再現性が、逆にその人の精神をますます蝕んでいくという不幸な結果をもたらしかねないのだ。

この「再現性」は、さまざまなレベルで生じうる。

先に述べた「心のなかで反芻する場合」は、認知レベルの再現と言える。また、ＰＴＳＤの侵入性症状に含まれる反復的想起も、同様に考えられる。反復的想起のなかでも特に、フラッシュバックは、認知レベルのみならず、トラウマを体験したときの感覚、感情などの心理生理的反応や、行動などといった諸領域で同時的に再現が生じたものだと考えられる。

子どもは遊びのなかでトラウマを再現する

子どもに特徴的に見られるのが、遊びにおける再現である。

筆者は、一九九五年の阪神淡路大震災の際に、被災地の救援活動に参加した。その際、避難所になっていた各地の学校で、子どもたちの「地震ごっこ」という遊びに出くわした。

これは、全国から送られてきた救援物資が入っていた段ボール箱を組み合わせて家をつくり、その中に数人の子どもが入り、他の子どもが家を取り囲んで激しく揺らす遊びであった。家の中の子どもたちは、「わー、揺れたあ!」「真っ暗や、何も見えへん!」「お母ちゃん、どこ行ったあ!」「助けてえ!」など、口々に叫んだ。

このように、子どもたちは、精神的衝撃を受けた大人がその体験の話を何度となく繰り返すのと同じように、恐怖や戦慄を覚えた出来事を「遊び」という行動レベルで再現するのである。

こうした、トラウマ性体験の遊びにおける再現を、子どものトラウマ臨床・研究のパイオニアの一人である精神科医のレノア・テアは、「ポストトラウマティック・プレイ」(posttraumatic play：直訳は「トラウマ後プレイ」）と呼んでいる（第7章で詳しく述べるが、こうしたポストトラウマティック・プレイは、虐待を受けた子どもの心理療法「プレイセラピー」においてもしばしば見られる。たとえば、母親から包丁で腹部を刺される体験をしたある四歳の女の子は、プレイセラピーにおいて、赤ちゃん人形の腹部をおもちゃの包丁で繰り返し突き刺した。母親の首吊り死体を目撃した三歳の男の子は、リカちゃん人形をひもで吊るす遊びを繰り返した。このように、トラウマ性体験は、遊びという行動レベルでも再現されるのである)。

虐待的人間関係の再現

虐待を受けた子どもの「再現性」は、「虐待的人間関係の再現」もしくは「再被害化傾向」という現象としてあらわれる場合がある。

親から身体的な暴力を受け、それがトラウマ性体験になっている子どもは、保護され、施設に入所してからも、子どもを養育する立場にある施設のケアワーカーなどの大人に対して、無意識のうちに――つまりトラウマ性の反応として――その大人の神経を逆撫でするような挑発的な言動を示し、その結果、怒りや暴力を引き出してしまう傾向がある。

こうした再現性は、身体的虐待のみならず性的虐待の場合でも同様にみられる。性的虐待を受けた子どもが、無意識のうちに性的に挑発的になり、別の人からの性的被害を「呼び込んでしまう」ことも少なくない。たとえば、家庭内で性的虐待を受けた子どもが、保護された児童養護施設などにおいて、年長の子どもや、場合によっては施設のケアワーカーから再び性的被害を受けることがある。こうした現象の一部は、性的トラウマの再現性として理解することができる。

しかし、このようなことを知識として持っていたとしても、子どもの挑発性を目の当たりにする者は、どうしても「親からの暴力を経験して大人が怒ると痛い目にあうということを身にしみて知っているはずの子どもが、どうしてわざと大人を怒らせるように振る舞うのだろう」とか「性的虐待を受けて苦しんだはずの子どもが、どうしてわざわざ年長の男の子に接近して性的な刺激となるような行為をしてしまうのだろう」といった疑問を抱きがちだ。トラウマの再現性という説明も、なかなかこれらの疑問を払拭してくれはしない。実際のところ、「トラウマの再現性」という概念が、子どもの心に実際に起こっていることのすべてを説明してくれるわけではない。

心に何が起こっているのか？

では、そのような子どもの心には、何が起こっているのだろうか？

私たちはその答えを知る手掛かりを、トラウマ理論の構築の旗手の一人である精神科医ジュディス・ハーマンの著書に紹介された、女性ソハイラ・アブドゥラリの語りに見出すことができる。

ソハイラは、一七歳のときにレイプ被害を受けた経験を持つ女性である。

彼女は、レイプ被害を受けた場所にあえて行こうとする心理について、次のように説明している。

> 実際、私の知る限り、夜中に独りであの裏通りを端から端まで歩こうとする人などいないはずである。安全ではないのだから。これまでに強盗に遭った人たちもいて文句なしに危ないところである。しかし私の心の隅では、私があそこを歩きとおさなければ奴ら（筆者注：複数のレイプ加害者のこと）が私に勝ったことになるだろう。だからこそ他の人以上に私はあの裏通りを歩きとおしたいと思っている。（『心的外傷と回復』中井久夫訳、傍点は原文のまま）

ソハイラは、レイプ被害というトラウマ性体験を「克服」しようとして、被害にあった場所を再度訪れようとするのだ。おそらく、被害にあった日と同じ時間に、同じ服装をして、その場所を歩くのだろう。彼女は、その危険な行為を「無事」にやりとげることによって、初めて、被害体験から回復したという感覚を手にすることができると信じているのだ。

しかし、残念なことに、その行為を「無事」にやり遂げられる可能性は、再度、被害に遭遇する可能性に比べるときわめて低いと言えよう。精神的な回復を求める行為が、再び、精神的な損傷をもたらす体験を呼びこんでしまうという、不幸な結果を生じるのだ。

筆者には、虐待を受けた子どもたちが大人の神経を逆撫でするような言動を弄するとき、このソハイラと同じような心の動きがあるように思える。

もちろん、ほとんどの子どもたちは、彼女のような洞察に満ちた意識化はできないだろう。しかし、子どもたちは、無意識のうちに、親からの暴力が「何でもなかった」のだと自分自身に言い聞かせようとしているように思われるのである。大人を挑発する彼らの心は、「俺は、殴られても怖くも何ともないんだ。今だって平気なんだ。だから、お父ちゃんに殴られたことだって、平気だったんだ」と叫んでいるように思えてならないのだ。

虐待は人に対する基本的な信頼感を蝕む

このようなトラウマの行動レベルでの再現や、さらには対人関係における再現は、先にも述べたように、公式の診断基準であるＤＳＭなどでは、いまのところトラウマ性症状としては認められていない。

しかし、特に虐待的人間関係の再現性は、子どもにトラウマ性体験を累積させることになり、非常に重大な影響を子どもに与える危険性がある。

家庭内で親から虐待を受けた子どもが、その後、施設のケアワーカーや、里親、あるいは学校の教師など、本来は信頼できるはずの対象から暴力被害を繰り返し受けるという体験は、子どもの、人や社会に対する信頼感に重大な損傷を与える可能性が高い。

発達心理学者であるエリク・エリクソンは、人間の赤ん坊が生まれおちて最初に出会う発達課題を、「基本的信頼感の獲得」であるとした。つまり、人の心は、「人という存在は信頼できるものであり、社会は安心できる場所である」という乳児期に形成される基本的信頼感を核にして発達していくのだと考えられる。

親による虐待と、その影響として生じた虐待的人間関係の再現性による被害体験の繰り返しは、こうした、心の核となるべき人に対する基本的な信頼感を次々と蝕んでいくことになる。その結果、心の発達がゆがめられ、子どもの自己あるいは人格の形成に重大な影響を与える危険性が高いと考えられるのだ。

第6章　アタッチメントと虐待

公園での光景

三歳くらいの子どもが公園で遊んでいる。母親とおぼしき女性が、公園の片隅のベンチに腰掛け、時折子どもに声をかけながら、文庫本を読んでいる。転んで膝を強く打った子どもが、泣きながら抱っこを求めるように両腕を挙げ、母親のほうに向かう。子どもの泣き声を聞いた母親も、子どものほうに近づく。母親は子どもを抱きあげ、子どもの膝に手を当てて「痛いの痛いの、飛んでけ〜」と声をかける。泣いていた子どもは、やがて泣きやみ笑顔を取り戻す。そして、母親の腕をすり抜け、再び遊びへと帰っていく。

これは、休日の公園でしばしば目にするのどかな光景である。泣きながら母親に近づき、抱っこをされて泣きやむという子どもの行動は、何の変哲もない当たり前のもののように思われる。

しかし、ここには、子ども、とりわけ乳幼児の精神的な成長にとって極めて重要な要素が含まれている。

その要素とは、アタッチメントと呼ばれるものである。

アタッチメントとは何か

右の例の、「転んで強く膝を打ってしまい、母親のもとに向かう」子どものように、何か怖いこと、びっくりすることがあって、子どもが親などの養育者に接近する行動を「アタッチメント行動」と言う。

このアタッチメントという概念は、プロローグでも述べたように、子どもの誕生直後から形成される養育者への強い本能的な結びつきである

アタッチメントは従来、「愛着」という訳語で言い表されてきた。しかし、この愛着という言葉には「愛」という要素が含まれているのに対して、アタッチメントとは、attachつまり「貼り付ける、付着する」という意味の動詞の名詞形であり、「愛」という情緒的なニュアンスは含まれていない。

そのため、最近では「アタッチメント」とそのままカタカナで表現されるようになった。

このアタッチメントという概念がどのように生まれ、重要視されるようになったのか、まず、そこから説明していきたい。

アタッチメントは本能的行動である

このアタッチメントは、児童精神科医ジョン・ボウルビーによって理論化された。ボウルビーは、たとえば雁などの離巣性の鳥類が、孵化《ふか》直後に見た動く物体（自然界では通常、

親鳥）に追従する（追いかける）インプリンティング（刷り込み）という現象に関するエソロジー（比較行動学）の研究を人間に応用したのである。

ボウルビーがアタッチメント理論を提唱するまでは、伝統的な精神分析学は、乳児が母親に接近したがるのは食欲という一次的な欲求から派生した二次的欲求であると考えていた。食欲が本能的な欲求であり、それを満たすためにおっぱいを持っている母親に接触するのだと考えられていたわけである。

しかし、エソロジーなどの動物行動の研究者たちは、成体に対する幼体の接近行動は、食欲と同様に本能的な一次的な欲求によるものであると考えていた。

たとえば、動物行動学者のハーローは、単独飼育されているアカゲザルの子どもに、ミルクが出るようになっている針金製のおもちゃの代理母と、タオル地で作られたぬいぐるみの代理母とを与えた。すると、アカゲザルの子どもは、ふだんはタオル地のぬいぐるみに抱きついていて、ミルクを飲むときだけ針金の代理母のほうに行くという行動を示したのである。

こうした知見に基づき、ボウルビーは、人の乳幼児の場合も、親への接近行動はそれ自体が本能的な一次的欲求に基づくものであるとして「アタッチメント」の理論を唱え、当時の精神分析の見解に異議を申し立てたのだ。

種を超えた行動の進化をとらえようとするエソロジーは、行動についても、ダーウィンの進化論を適用する。つまり、その種の維持につながるような行動が残され、維持につながらないような行動は淘汰されていくと考える。

たとえば、先の、雁の例で考えてみよう。親である成体に追従するという行動が遺伝的に備わっている雛は、捕食獣に遭遇しても、成体によって守られ、生きのびる可能性が高くなる。それに対して、そのような行動が遺伝的に備わっていない雛は親から離れることが多くなり、捕食獣に捕えられる危険性が高くなる。結果的に、そういった遺伝形質は自然に淘汰されることになると考えられるわけである。つまり、アタッチメントとは、進化論的に適合した行動であると言えるのだ。

では人間の場合、どう役に立つのか?

先に述べたように、乳幼児が主な養育者に接近する行動は、本能的なものである。しかし、だからと言って乳幼児がのべつまくなしに親に接近しているわけではない。では、どのようなときに、子どもは親への接近を強めるのだろうか。

章の冒頭であげた子どもの場合、転んで膝を打ち、痛みを覚えたときに母親を求めた。また、大きな犬が勢いよく公園に走り込んできて怯えたときにも、母親のもとに駆け寄るかもしれない。

つまり、痛みを覚えたり、不安や恐怖を感じるなど、否定的な感覚や感情が生じた場合に、アタッチメント行動が喚起され（アタッチメント理論では、「アタッチメント行動システムの活性化」と言う）、親に抱っこされることによって不安や恐怖が低下して安心感が戻り、情緒的安定性が回復されるわけである。そして、情緒的安定性の回復とともにアタッチメント行動は減少し（「アタッチメント行動システムの脱活性化」と言う）、子どもは親のもとを離れていく。

このように、アタッチメント行動の基本的な機能とは、子どもが情緒的に不安定な状態になった際に、情緒的安定性を回復することにある。言い換えれば、アタッチメントが適切に形成されている子どもは、情緒的に不安定になった場合に、親などのアタッチメント対象を適切に利用して自己の安定化をはかることができる。こうした自己の安定化は、非常に重要な意味を持つと考えられる。

アタッチメント行動の三つのパターン

ボウルビーのアタッチメント理論を実証的な側面から支えたのが、発達心理学者であるメアリー・エインスワースであった。母子関係の研究者であったエインスワースは、ＳＳ

P（strange situation procedure：新奇場面法）という実験的な方法で幼児のアタッチメント行動の分類を行った。

SSPでは、まず、母親と幼児が小さな部屋に入る。そして、幼児にとって見知らぬ人物がその部屋に入ってくる、あるいは、母親が幼児を残して部屋を出て、しばらくのちに戻ってくるなど、幼児に不安を与えるような体験をさせる。その際に、幼児がどのようなアタッチメント行動を示すのか（母親に接近するか）を観察するのである。

その結果、幼児のアタッチメント行動には、三つのパターンがあることが示された。

一つは、安定型と呼ばれるもので、不安になると遊びをやめて母親を求め、母親に抱っこされると安定を取り戻して母親から離れて遊ぶというパターンである。エインスワースはこれをBタイプと呼んだ。一般家庭で養育されている子どものおよそ三分の二がこのタイプに分類されることが確認されている。

それに対して、不安になるような場面でも母親に接近することがほとんどない幼児もいた。エインスワースは、これを回避型（Aタイプ）のアタッチメント・パターンと呼んだ。

Aタイプの子どもは、たとえば母親が部屋を出て行っても、Bタイプの子どものように不安定になることがほとんどない。また、部屋に戻ってきた母親に強く抱っこを求めるB

タイプの子どもに対して、Aタイプの子は、母親に接近することもあまりなかった。

Aタイプの子どもは、そもそも不安に強いタイプであるため、アタッチメント行動が生じにくいのかもしれないという解釈もなされたが、母親と離れたことによる発汗や動悸などのストレス反応を調べても、Bタイプの子どもと同程度だった。ここから、Aタイプの子どもは「不安を感じてもアタッチメント行動が生じにくい」のだと考えられる。

さらに、三つめのアタッチメント行動のタイプとして分類されたのが、アンビバレント型（Cタイプ）である。このCタイプの子どもは、Bタイプの子どもが不安を感じないような事態でも母親に抱っこを求め、また、抱っこされていてもなかなか安定化しないという特徴を示した。

たとえば、母親と見知らぬ部屋に入るという、おそらくそれほどは不安を喚起しないような事態でさえ強い不安を持つようで、母親の腕から離れることができなかった（ちなみにBタイプの幼児は、入室後ほどなく、部屋に置いてあったおもちゃで遊びはじめた）。また、母親がいったん部屋を出て戻ってきた場合は泣き出して、母親に抱っこされてもなかなか泣きやむことができず、強くしがみつき続けた。

このように、Cタイプの子どもには、わずかな不安でもアタッチメント行動が活性化され、アタッチメント行動によってもなかなか不安がおさまらないという特徴がみられた。

Bタイプが安定型とされたのに対して、AタイプとCタイプは合わせて不安定型と呼ばれている。

虐待を受けた子どものパターン

前述したように、エインスワースは発達心理学者である。

発達心理学とは、子どもの認知、感情、思考、行動、性格などが、どのように発達していくのかを明らかにしようとする学問領域である。したがって、その対象は、「通常」の子どもである。上記のSSPの研究対象となったのも、一般家庭で、通常の養育を受けていると考えられている子どもたちであり、虐待やネグレクトなどの不適切な養育を受けた子どもは含まれていなかった。

では、そういった不適切な養育環境に育った子どものアタッチメント行動のパターンはどうなのだろうかという疑問が当然生じる。

エインスワークスの流れをくむアタッチメントの研究者であるメインのグループは、こうした疑問への答えを求めて、虐待やネグレクトを受けた子どもに同様の実験を実施した。

その結果、子どもたちが示したアタッチメント行動のパターンの多くは、上記のA～C

タイプのいずれにも属さないものであった。メインらは、それをDタイプ（「未組織／無方向型」）と名づけた。

Aタイプの子どもはいつでもAタイプの反応を示す。BタイプもCタイプもそうである。これを「パターンとして組織化されている」と言う。

それに対して、Dタイプの子どもは、ときにはAタイプ、ときにはCタイプあるいはBタイプと思われる行動を示した。つまり、アタッチメント行動が一定のパターンに組織化されていない（未組織）と考えられるのである。

また、Dタイプの子どもには、顔をそむけながら親に接近したり、親に近づくのだが直前で立ち止まって動かなくなったり、あるいは部屋に入ってきた見知らぬ大人に抱っこを求めたりといった、かなり特異な行動が観察された。こうした特徴は、アタッチメント行動が統合されておらず方向性が定まっていない（無方向）と考えられたのである。

このように、虐待やネグレクトを受けた子どもたちのアタッチメント行動は、通常の養育環境下にあった子どものアタッチメント行動とは非常に異なったものであることが明らかになった。虐待やネグレクトなどの不適切な養育環境におかれた子どもたちの約八〇パーセントが、このDタイプのアタッチメント・パターンを示したと報告する研究もある。

親が「安全基地」にならない

虐待やネグレクトを受けた子どもたちのアタッチメント行動が一般の子どものそれとは異なり、おそらくは何らかの「病理性」を持つものとなるのは、ある意味当然であると言えよう。

先に述べたように、アタッチメント行動の基本的機能は「安心感の回復」である。その意味で、親などのアタッチメント対象は「安全基地」とも称される。

しかし、親に虐待を受けた子どもにとって、親は危険な存在であり、場合によっては最大の「恐怖の源」である。不安を感じた子どもは、本能的な行動として（アタッチメント行動の活性化によって）親に接近するものの、接近すればするほど、安心感どころか、これまでの虐待体験から恐怖がよみがえってくる。

ネグレクト的な養育環境にあった子どものなかには、不安や恐怖を感じても親は不在という環境で育った子どもも少なくないだろう。当然、子どものアタッチメント行動は混乱し、ときには病理性を帯びたものになると考えられるのだ。

内的ワーキング・モデル

通常、乳幼児のアタッチメント行動は、成長とともに減少していく。乳児や幼児期初期の子どもは常に親を求め、あるいはくっついていたがるが、三、四歳になると親から離れて遊んでいられる時間が長くなる。小学校に上がる頃には、日中の大半は親から離れて過ごすことができるようになる。

このように、アタッチメント行動は発達に伴って少なくなっていくが、これは、アタッチメント自体が弱まっていることを意味するわけではない。アタッチメント行動の現象に並行して、それに関連したいま一つの現象が進行することになる。

その現象とは、アタッチメント対象のイメージ（対象表象）が子どもの心のなかに住むようになる、つまり内在化されていくというものである。ボウルビーは、これを「内的ワーキング・モデル」と呼んだ。

こうしたアタッチメント対象のイメージは、生後数ヵ月頃から形成されはじめる。乳児が、たとえば母親以外の大人に抱っこされたときに泣いたりして抵抗を示す、いわゆる「人見知り」を、発達心理学では「七ヵ月不安」というが、これは、乳児の心に母親のイメージが形成され始めたことを意味する。その後、この心のなかのイメージは徐々に明確になり、三〜四歳頃にほぼ安定したものになると考えられている。

子どもの心のなかにアタッチメント対象の心的イメージが安定してくると、それまでは不安になるたびに現実の親に近づいていた子どもが、そうしなくても、内的な心的イメージを活性化させることで安心感を回復させることができるようになる。つまり、子どもは、心のなかに住んでいる「親」によって安心感をもたらされるようになるわけである。

英国の小児精神科医であるドナルド・ウッド・ウィニコットは、子どもの情緒的発達を、「一人でいても孤独感を感じないですむ能力の発達」と言い表したが、こうした能力には、これまで見てきたアタッチメント対象の内在化が関与していると考えることができる。子どもは、アタッチメント対象の内在化により、それまでは自己の外にあった情緒的安定性の「基地」を、自己の内部に備えることが可能になるのだ。

アタッチメントの障害「反応性愛着障害」

アタッチメントの障害としては、精神医学では、DSM-IVなどの診断マニュアルに記載されている「反応性愛着障害」(reactive attachment disorder : RAD) がある（精神医学ではこれがアタッチメントについての唯一の診断基準である）。

「反応性」とは、虐待やネグレクトなどの不適切な養育、あるいはアタッチメント対象の突然の喪失や、関係の断絶（これを「早期剝奪体験」と呼ぶ）などによってアタッチメント障害が生じることを意味する。

この反応性愛着障害は、さらに、「脱抑制型」（アタッチメント行動に対する抑制がなくなるという意味）と「抑制型」（アタッチメント行動が過剰に抑制されているという意味）という二つに分類されている。

脱抑制型反応性愛着障害の子どもは、初めて会った大人に、誰彼なしに（無差別的に）、非常に親密と思われるような行動（身体的にベタベタするなど）を示す。その様子はアタッチメント行動と同じように見えるが、その子は、その大人が目の前から消えると、その人のことをまったく忘れてしまったかのようにふるまう。時には名前すら覚えていないこともある。つまり、その大人のイメージはまったくその子どものなかに形成されていないのである。こうした特徴から、筆者は、この脱抑制型反応性愛着障害を、「無差別的疑似愛着傾向」と呼んでいる。

一方、抑制型反応性愛着障害の子どもは、強い苦痛や不安を覚えていると想定される状況にあってもアタッチメント行動を示さない。さらに、その子が苦痛を感じているのを見た大人が接近して手助けしようとしても、それを拒否するなど、他者の親密な働きかけを拒否する。たとえば、転んで足に怪我をして泣いているときにも、大人の抱き起そうと差し出した手を振り払うといった様子が観察される。こうした状態を筆者は「親密な人間関係からの離脱」と呼んでいる。

コインの裏と表

このように、脱抑制型反応性愛着障害と抑制型反応性愛着障害は、まるで正反対の症状のように思われる。

しかしこの二つは、実際には「愛着障害」という一枚のコインの裏表と言えるのではないか、と筆者は考えている。

多くの場合、愛着障害の子どもは、幼児期から小学校低学年くらいまでは、愛着障害を脱抑制型で表現することが多い。それに対して、小学校高学年以上の年齢帯の子どもは、抑制型という表現をとることが多いように思われる。それは、発達にともなう変化であることも少なくない。つまり、幼児期には初めて会った大人に誰彼なしにベタベタしていた子どもが、思春期の頃から誰とも親密な関係を持たなくなるといった具合である。

なお、反応性愛着障害について、アタッチメントが「障害」されているのではなく、むしろ、乳児期の初期からアタッチメントがまったく形成されてこなかったことによるものであり、その意味では「無愛着性障害」とするほうが適当である、と指摘する研究者もいる。

さらに先に述べたように、アタッチメント障害に関する精神医学の診断基準における公式の診断名は「反応性愛着障害」のみであるが、これでは大ざっぱすぎて十分ではないと指摘する専門家も少なくない。

キレる現象

虐待やネグレクトを受けた子どもは、ほんのささいな刺激で激しい怒りを持ち、暴力行為や破壊行為といったかたちで怒りを周囲に撒き散らす傾向がある。こうしたいわゆる「キレる」という現象も、アタッチメントが関連していると言える。

前述したように、アタッチメントの基本的機能は、痛み、不安、恐怖など否定的な感覚や感情が高じた際に、それを低減させ安定状態を回復することにある。それは言ってみれば、「子どもという個の情動状態の崩れを養育者という他者との関係性によって制御するシステム」であると言える。

子どもは、発達するにつれ、次第に、心のなかに住むアタッチメント対象（母親など）のイメージを活性化させることによって、現実のアタッチメント対象が不在であっても、不快な感覚や否定的な感情を低下させ、情緒的安定を取り戻すことができるようになる。言い換えれば、アタッチメントが適切に形成された子どもは、成長するにつれて、心のなかのイメージに支えられながら自分ひとりの力で安定した状態を回復できるようになると考えられる。それに対して、不適切な養育環境に置かれた子どもは、アタッチメントが適切に形成されておらず、そのために「キレる」状態になりやすいと言えよう。

このように、アタッチメントは、感覚・感情レベルや行動レベルを含めた全般的な自己コントロールに関連しているとみることができる。

「見張り機能」と反社会行動

幼児期に反応性愛着障害という診断を受けた子どもは、思春期以降に行為障害や反社会性人格障害などの反社会性の問題を起こしやすいと言われる。それはなぜだろうか？

筆者は、それは、アタッチメントの問題が、子どもの道徳観や倫理観あるいは共感性の発達に影響を与えるためではないかと考えている。

先に述べたように、アタッチメントが形成されるにしたがって、子どもの心にはアタッチメント対象の心的イメージが形づくられる。

こうした心的イメージが、心のなかから子どもを見守るという機能を果たすことは前に述べたが、同時にアタッチメントは、「見張り機能」もあわせ持っていると言える。「〔マ〕マやパパが見ている」機能」と言い換えてもいいだろう。

たとえば、アタッチメント対象のイメージが適切に形成されている子どもは、親がそばにいなくても、親に日頃してはいけないと言われている行動をする可能性は少ないと考えられる。それは、子どもは心的イメージによって「見張られている」(「ママやパパが見ている」)ような認知・感情状態になるからだと考えられる。

そのために、子どもは「これをするとママが悲しむな」と、目の前にはいない母親が悲しんでいる状況を想像して、行動をコントロールする。逆に言えば、アタッチメントが十分に形成されず対象のイメージが適切に内在化できていない子どもの場合には、現実に親が周囲にいないと、反社会的行動を含む不適切な行為を実行する可能性が高まると考えられる。

子どもの抽象的道徳観の発達は九~一〇歳の頃から始まると考えられているが、それはいわば学習によって獲得されるもの、学習可能なものである。それ以前に、子どもの行動のコントロールにつながる道徳観としては、アタッチメント対象の心的イメージの内在化による見張り機能が必要になると考えられる。

共感性の発達

行為障害や反社会性人格障害の特徴の一つに、他者の苦しみを理解する能力、つまり「共感性」の欠如が挙げられる。他者の苦しみが理解できないために、激しい苦痛を与えるような行為を他者に向けてしまうのである。

アタッチメントの障害は、この共感性の形成に大きく影響すると考えられる。子どものアタッチメント対象の心的イメージが明確であれば、その対象の感情もより明確に想像することができるようになる。具体的に言えば、親が怒っているところや悲しんでいるところ、あるいは喜んでいるところをいきいきと想像できるようになり、それを通して、親の感情状態を共有できるようになる。これが、他者の感情を自分のものとして感じる共感性の発達の基礎になると言えよう。

また、共感性の発達には、自分以外の他者の視点で状況を見ることができる視点、すなわち他者視点の獲得が関与している。これもボウルビーの唱えた「内的ワーキング・モデル」のおかげである。

ボウルビーは、このような内的ワーキング・モデルが形成されることで、子どもは、養育者の意図や感情を推測したうえで、自らのアタッチメント行動を調整できるようになると考えた。

たとえば、学校から帰ってきて、家にいると期待していた母親がいない事態に直面した子どもは、「あ、この時間だったらママは夕食の買い物に行っているのかな」と、母親が買い物をしているところをイメージすることが可能となる。そして、「ママが家に帰ってくる」という場面もイメージできるようにもなる。その結果、「母親がいない」という不安を喚起するような事態により耐えられるようになる。あるいは、「ママに早く会いたい」と思ったなら、やみくもに家の周囲を探し回るのではなく、母親が夕食の買い物にいつも行くスーパーに向かうだろう。こうした方法によって、子どもは、「ママに会う」というアタッチメント行動をより適切に調整することが可能になるわけである。

事態を他者の視点で評価する能力

さらに、筆者は、こうした内的ワーキング・モデルが、「事態を他者の視点で評価する」という能力と関連してくると考えている。

つまり、内的ワーキング・モデルが十分に形成されていない子どもは、学校から帰宅して母親がいないとき、「会いたいのにママがいない」といった具合に、自分の視点でしか事態をとらえることができない。それに対して、適切に形成されている子どもの場合は、「ママは買い物に行っているのかも」と、「ママに会えない」という現在の状況を、ママの視点、つまり他者の視点で評価できるようになると考えられる。

他者視点の獲得は、共感性の発達のための重要な要素である。それゆえにアタッチメントは、道徳観（倫理観）や共感性の発達と深く関連している。道徳観に問題があり、かつ共感性の発達に障害が生じると、その子は反社会的な行動をとってしまう可能性が高くなる。それゆえに、反応性愛着障害の問題をもった子どもは、思春期や青年期に反社会性の問題を生じる可能性が高くなると考えられるのだ。

アタッチメントはトラウマの最高の処方箋

前章とこの章で見てきたように、虐待やネグレクトなどを受けてきた子どもの心理的、精神的問題、あるいは行動上の問題は、トラウマとアタッチメントという概念を用いることで多面的な理解が可能になる。

では、このアタッチメントとトラウマは、たがいにどのような関係にあるのだろうか。従来、適切なアタッチメントは、「トラウマ体験に対する最高の処方箋である」と言われてきた。つまり、アタッチメントは、トラウマ性の体験をした場合に、子どもにトラウマ関連症状を生じさせないための「予防薬」として、あるいはトラウマ関連障害が生じた場合にはその症状を軽減するための「治療薬」として機能すると考えられてきたのである。

実際に、阪神淡路大震災などにおいて、同じようなトラウマ性の体験をした子どもであっても、アタッチメントが適切に形成されているかどうかによって、子どもの精神的な症状や情緒的な安定性に違いが認められたという印象を持つ専門家は少なくなかった。

これには、アタッチメントの持つ基本的機能が一部かかわっている可能性がある。アタッチメントの基本的機能とは、先に述べたように、不安や恐怖を感じた際の安心感の回復である。たとえば、子どもが学校の帰り道に交通事故の凄惨な場面を目撃して、激しい衝撃を受けたとしよう。アタッチメントに問題のない子どもなら、家に帰って母親に抱き締められることで、激しい恐怖や不安などの感情を軽減させ、ある程度、安心感を回復できるだろう。それに対して、アタッチメントに問題を抱えた子どもは、目撃当初に生じた激しい衝撃を軽減させることができず、いつまでも情緒的に不安定な状態が継続してしまい、それがトラウマに関連した症状につながる可能性が高いと言えよう。

虐待やネグレクトなどの不適切な養育体験は、子どもにアタッチメントの問題を生じさせる可能性が高い。そして、そのことが、傷ついた心の回復をさらに阻害することになるのだ。

第７章　本来の自分を取り戻すために

これまで見てきたように、親からの虐待やネグレクトという体験は、子どもに心理的、精神的な影響を及ぼす。そして、人格の形成を歪めるなど、子どもという存在そのものに全人格的な影響を与える。そのため、その影響から回復を図るには、さまざまなアプローチが必要となる。

最終章である本章では、そのアプローチのなかから、①第5章で述べたトラウマ性障害への心理療法、②第6章で述べたアタッチメント障害への治療的なかかわり、および③子どもの発達の歪みに対する治療的養育について、筆者の考えをまじえて見ていきたい。

「トラウマから回復する」とはどういうことか

トラウマ性障害の研究および治療の領域において国際的なオピニオン・リーダーの一人である精神科医ベセル・ヴァン・デア・コルクは、次のように述べている。

トラウマを受けた人の多くは、未統合のトラウマ記憶の断片にとりつかれた状態にある。この段階におけるセラピーは、こうしたトラウマ記憶を、非言語的なものや解離されたものを含めて、言葉が意味と形を有する二次的な精神的プロセスへと翻訳することを目的としたものになる。そうすることで、トラウマ性の記憶が物語記憶

（narrative memory）へと変化する。（『トラウマティック・ストレス』西澤訳）

この一文には、トラウマの本質と回復のプロセスへの理解が凝縮されている。ヴァン・デア・コルクは、トラウマ性障害の中核には「トラウマ記憶」があるとしている。そして、トラウマ記憶が通常の記憶と異なるのは、それが「未統合」であるためである。記憶が未統合であるとは、どのようなことなのだろうか。

隼人くんの場合

小学校五年生の隼人くんは、父親にゴルフ・クラブで殴られて頭蓋陥没という重傷を負った。それから一年が経過したが、隼人くんの当時の記憶は整理されておらず、バラバラな状態のままである。

隼人くんには、父親の怒りに満ちた形相や、振り下ろされるゴルフ・クラブのヘッド、頭に加えられた激しい衝撃、あるいは横たわる目の前にできた血溜まりなどの記憶はあるものの、それらは、それぞれの場面を切り取った、いわばスチル写真としての記憶である。それらのスチル写真が頭の中に撒き散らされた状態であって、何がどのような順序で起こったのかという全体としてまとまりのある統合された記憶になっていないのである。

この撒き散らされた写真が、ヴァン・デア・コルクの言う「未統合なトラウマ記憶の断片」である。

この場合、記憶の持ち主は、この未統合の記憶に「とりつかれた」状態にあると考えられる。本来、記憶とは、思い出そうとすれば思い出すことができ、思い出さないでおこうとすれば、記憶の格納庫に置かれることになる。つまり、記憶とは、コントロールできるものである。

しかし、トラウマ記憶は、自我のコントロールがきかない状態にある。思い出そうとしても思い出すことができず、一方で、思い出したくないときに突然思い出してしまうといった具合に、自我のコントロールが働かない状態となる。むしろ、記憶のほうが勝手によみがえり、その人を苦しめることになるのだ。


母親に腹部を包丁で刺されるという体験をし、現在は児童養護施設で生活している小学校三年生の悠さんは、夕食前の時間に施設の調理場に近づくことができなかった。というのは、その時間には、施設の職員が夕食の準備をしており、その包丁の音を聞くだけで、母親によって刺された記憶が、当時の苦痛や恐怖とともによみがえり、悠さんをパニック状態に陥れるからであった。悠さんは、まさに、記憶にとりつかれていたのだ。

トラウマ記憶を物語記憶へ変える

このように、トラウマ記憶の本質は、バラバラでコントロールがきかないということだと言える。したがって、トラウマ性障害からの回復のためには、バラバラになったトラウマ記憶を統合し、自我のコントロールの下におく必要が生じることになる。

そのためには、トラウマ記憶を、通常の過去の記憶である「物語記憶」に変化させる必要がある。

隼人くんの例で述べたように、トラウマ記憶が断片化したスチル写真の集合体であるのに対して、物語記憶とは、ビデオ録画のような一定の流れとストーリー性を持った、物語にして語ることのできる記憶である。スチル写真が時間軸にしたがってつなぎあわされ、何らかのストーリー性をもったビデオ録画的な記憶となったとき、それはその人が物語として語ることのできる記憶となる。

その記憶について、言葉という媒体で語ることができるということは、記憶に対する自我のコントロールが可能になったことを意味する。そのために、人は、その体験の際に感じた激しいショックや体感などの、言葉にならないような体験を含めて、なんとかそれらを言葉に置きなおさなければならないのだ。

もちろん、たとえば虐待のような、非常に感覚的な、あるいは情緒的な体験を、言葉によって完全に言い表すことは不可能であろう。しかし、その体験に言葉を近づけていくことはできる。人はその体験を「物語る」ことが可能になる。こうした精神的作業を、ヴァン・デア・コルクは「こうしたトラウマ記憶を、非言語的なものや解離されたものを含めて、言葉が意味と形を有する二次的な精神的プロセスへと翻訳すること」と、「翻訳」という言葉で述べているのだ。

トラウマ記憶を物語記憶に変化させるためのこうした作業に取り組むには、親から受けた虐待体験を詳しく見ていく必要がある。この作業には、多大なる苦痛がともなう。トラウマ性体験を思い出すことは、その際に感じた強い情緒的苦痛を再び体験することになるため、そうした体験を避けたいと思うのは、ある意味当然である。

人は、つらかった体験を意識から締め出しておきたいと願うものである。しかし、それがトラウマ性体験である場合には、締め出したままである限り、その記憶は断片化されたままとなる。そして、断片化された記憶は、意思に反して心のなかに侵入を繰り返し、その人を苦しめ続けることになる。トラウマ記憶から回復するためには、その体験の全体をつぶさに見すえ、自我によるコントロールが可能な物語へと編み上げていく必要があるのだ。

トラウマ性体験を思い出し、語る

このように、トラウマ性体験からの回復のためには、トラウマとなった体験を詳しく思い出し、その記憶に一つ一つ言葉を当てはめていくことが必要となる。

こうした心理療法を、曝露《ばくろ》療法と呼ぶ。「曝露」とは、耳慣れない言葉であるが、「さらされる」という意味の心理学用語であり、「その体験に直面してそれを言葉に紡いでいくこと」を意味する。

トラウマ性障害に対する心理療法は、原則として、この曝露を中心に進められる。

その代表的な技法として、「長時間曝露法」がある。長時間曝露法とは、トラウマ性障害を抱えるクライエント（治療を受ける人）が、体験を繰り返し詳しく思い出し、物語り、あるいは語った内容を録音したものを何度も繰り返し聞く、というかたちで進められる。

こうした作業によって、断片化していた記憶は次第に統合されていく。それと同時に、その体験にともなっていた、深刻な、その人に著しい苦痛や混乱をもたらしていた情緒的な衝撃も、やわらいでいく。こうした作業を通して、トラウマ記憶は、物語記憶となり、苦痛であったが「すでに終わった、過去の体験」として整理されていくことになる。

長時間曝露法では、こういった作業に、トラウマ性体験に関連している人に会ったり、それまで避けてきた場所や場面に実際に行ったりするなどの「実際上の曝露」を組み合わせて治療が進められる。

トラウマの本質の一つは、「現在への過去の侵入」である。過去の衝撃的な体験が、当時の激しい感情や情緒を伴って心のなかに侵入し、その人の機能を妨げる、ということである。児童精神科医であるフライバーグは、だから、「過去の出来事を過去に戻す」ことが必要なのだと述べている。長時間曝露法は、「曝露という技法を用いて現在に侵入している過去の出来事を過去に戻す」作業だと言うことができる。

ただし、この長時間曝露法は、かなりの精神的苦痛をもたらす。そのため、この治療を受ける人に決意と勇気を求めることになる。トラウマ性体験に直面する作業が要求されるのだから、それは当然と言えよう。

眼球運動による療法ＥＭＤＲ

長時間曝露法とは別に、トラウマとなった体験の一部のイメージと、それに伴った情緒や感覚を持ちながら、急速な眼球の左右運動を行うＥＭＤＲ（eye movement desensitization and reprocessing：眼球運動による脱感作と再処理）という技法がある。

このＥＭＤＲは、認知行動療法の専門家フランシーン・シャピーロが偶然見出した技法であると言われている。眼球の運動がトラウマ記憶の処理にどのようにかかわっているのかという理論的根拠は明確にはなっていないものの、一定の臨床的効果が見出されている。おそらく、眼球の急速な動きによって大脳の機能が活性化され、トラウマ記憶の処理が加速されるのではないかと考えられる。

ＥＭＤＲは、特に、事故や災害などの一回限りのトラウマ性体験によるＰＴＳＤの治療に有効だとされている。この療法では、体験の一部を扱うので、全体を詳細に語る必要はない。そのため、治療を受ける側の人への精神的負担は長時間曝露法と比べると少ないと言えよう。

ポストトラウマティック・プレイ

大人は、その記憶を言葉にして語ることができるが、子どもの場合には、年齢にもよるが、一般的に、その体験を言葉で詳しく表現することは困難である。しかし、子どもには独特の表現法がある。それは、「遊び」という表現である。

トラウマ性体験によって精神的な影響を受けた子どもが、その体験を遊びによって表現することは、第５章で述べたように、ポストトラウマティック・プレイと呼ばれる。

このポストトラウマティック・プレイについて最初に記したのは、筆者の知る限り、児童精神科医レノア・テアである。

一九七六年、カリフォルニア州チョウチラでスクールバスのハイジャック事件が発生した。二六人の子どもがスクールバスごと誘拐され、数時間にわたってフリーウェイを連れまわされた後に、山腹の「洞窟」（実際には、山腹に埋め込まれたコンテナの内部であったが、夜半に連れて行かれた子どもの目には、巨大な洞窟と映ったと考えられる）にいわば生き埋め状態となり、一晩を過ごした。翌日、子どもたちは救出された。

テアは、被害にあった子どもたちの精神医学的評価と、長年にわたる追跡調査を行った。その過程で観察されたトラウマ性体験に対する数々の子どもたちの心理的、精神的反応のなかに含まれていたのが、「ポストトラウマティック・プレイ」である。子どもたちは、事件のあと、人形を穴に埋める遊びを行ったり、人形を目的地のない旅に向かわせたりなど、自分たちが経験した恐怖に満ちた出来事を、遊びによって繰り返し表現していたのである。

こうしたポストトラウマティック・プレイは、日本においても観察されている。阪神淡路大震災の後、避難所で子どもたちが「地震ごっこ」をしていたことは、第5章で述べた。

同様の「遊び」が、一九九三年の北海道南西沖地震、いわゆる奥尻島地震の後にも観察されたという報告がある。奥尻島地震では、津波によって村落が破壊され、多くの命が奪われた。そこで子どもたちが行った遊びは、砂場に村を作り、それをバケツの水で流すという「津波ごっこ」であったと言う。

ポストトラウマティック・プレイセラピー

このようなポストトラウマティック・プレイを、心理療法に活用したのが、米国の心理療法家エリアナ・ギルである。

ギルは、子どものポストトラウマティック・プレイを、大人における断片化した記憶に相当するものととらえ、そのプレイを心理療法のなかで扱っていく技法を、「ポストトラウマティック・プレイセラピー」として発展させた。

これは、たとえば人形の家や家族人形を用いて、子どもが経験した虐待やネグレクトなどのトラウマ性体験を再現することを中心とした心理療法である。自分のことではなく人形が体験したこととして、そのトラウマになっている出来事に、いわば間接的に曝露する方法だと言えよう。

子ども中心プレイセラピー

ポストトラウマティック・プレイセラピーのような、セラピストが心理療法で扱うべき主たるテーマを見定め、そのテーマに向かってリードしていく心理療法は、「指示的心理療法」と呼ばれる。しかし、日本で子どものプレイセラピーを行っている専門家の大半は、こうした指示的心理療法ではなく、心理療法家ヴァージニア・アクスラインが提唱した「子ども中心プレイセラピー」などの「非指示的療法」の技法にしたがって心理療法を行っている（アクスライン『遊戯療法』）。

子ども中心プレイセラピーとは、大人のカウンセリングの領域におけるカール・ロジャーズの「クライエント中心療法」をプレイセラピーに適用させたものである。このセラピーでは、子どもが自主的にプレイ（遊び）を展開していくことが基本となる。セラピストは、その子どものプレイの表現を受け、子どもがさらに十分な自己表現を行えるように反応していく。

非指示的心理療法は、「子どもには自分の抱える心理的問題を解決する力が備わっているのだけれども、不安や葛藤など何らかの心理的な阻害要因のためにその能力が一時的に機能していない状態となっている」という前提に立っている。

そして、子どもがプレイという方法によって自己（認知や感情など）を十分に表現できれば、阻害要因は低減され、あるいは解決能力が活性化され、問題解決への道を再び歩むことができると考える。

筆者も、これまでの臨床経験から、子どもの自主性や主体性を重視する子ども中心のプレイセラピーの効力を実感している。たとえば過度な不安などのために不登校状態になっていた子どものケースなどで、自ずと解決の道が開かれたという事例を経験している。

「体験の意味づけ」を変化させる

しかし一方で、筆者は、虐待やネグレクトなどの環境に置かれた子どもたちに対しては、こうした非指示的心理療法の考え方や技法を適用できない場合が多いという印象を持っている。それは、次の理由からだ。

乳児期や幼児期から虐待やネグレクト環境にあった子どもたちの場合には、アクスラインの考えるような問題解決能力を担う自我が、年齢相応には形成されていないことが多い。そういった子どもたちに、どれだけ自由な表現を促したとしても、そもそも自我が未形成であるため、問題解決能力が自ら活性化するということはほとんどありえないように思われるのだ。

実際、虐待やネグレクトなどを受けた子どもに対する非指示的療法の限界を指摘する臨床家は、少なくない。

以下に何人かの専門家の考えを紹介しよう。

たとえば、ラスムッセンは、「トラウマを受けた子どものプレイセラピーにおいては、ラポール（治療関係）の形成を目的とした非指示的技法だけでは不十分であり、特定的なテーマに焦点を当てるための技法が必要となる」と述べている。

ラスムッセンの言う「特定的なテーマ」とは、その子どものトラウマ性体験のことを意味している。つまり、ラスムッセンは、トラウマを受けた子どもと治療関係を形成するのには、子ども中心プレイセラピーなどの非指示的心理療法の技法は有効に作用するが、それだけでは、子どもが自らトラウマになった体験に触れてくる可能性は低く、そのため、セラピストがリードしてトラウマ体験に焦点をあてていく技法が必要だと考えているのである。

「ぼくが悪い子だったからお母さんは叩いた」

また、臨床心理学者であるピアースらは、「不安を逓減させ、虐待やネグレクトの体験の意味を変化させるためには、直接的もしくは間接的に、苦痛を引き起こすような内容に子どもを曝露する必要がある」としている。この文章からは、虐待やネグレクトの被害を受けた子どもの心理療法の鍵が、「体験の意味の変化」であり、体験の意味を変化させるためには、セラピストがリードして虐待やネグレクトの体験を扱わなければならないというピアースらの考えが読み取れる。

虐待やネグレクトといった体験自体を変化させることはできない。それは過去の事実であり、その内容を変更したり、なかったことにすることはできない。心理療法が提供できるのは、その過去の事実への「意味づけ」を適応的に修正することなのだ（ただし、意味づけを変化させると言っても、それは、子どもの体験の「虐待性」を否定することではない。たとえば、子どもにかかわる人の中には、子どもに対して「あなたは虐待と言うけれど、お母さんにも事情があったと思うよ」とか、「確かにお母さんはあなたのことを叩いたけれど、親がそこまでするのだから、あなたのほうに問題があったんじゃないの」と言う人もいる。しかし、ここでいう意味づけの変化とは、そうしたことを意味するものではない）。

たとえば、虐待を受けた子どもは、「ぼくが悪い子だったから、お母さんはぼくを叩いたのだ。ぼくは、何度叩かれてもどうしてもよい子になれない。どうしようもない悪い子なんだ」といった意味づけをすることが多い。

この意味づけを、「ぼくはお母さんに叩かれた。ぼくを叩いたのはお母さんの間違いだったんだ。叩かれて、ぼくはすごく嫌な気持ちになった。もしかしたら、お母さんが叩いたのは、ぼくが何か悪いことをしたのかもしれないけど、それでも、お母さんのやり方は間違っていたんだ。叩かれたぼくはすごく悲しくなって、もっと悪いことをしてしまったんだ」といった具合に変化させていくのだ。

そして、そのためには、「苦痛を引き起こすような内容」、つまり、虐待やネグレクトの体験と、その際の子どもの考え（認知）や気持ち（感情・情緒）に子どもを直面させる必要があると、ピアースらは主張しているのである（なお、ピアースらが言う「直接的もしくは間接的に、苦痛を引き起こすような内容に子どもを曝露する必要がある」の「直接的」な方法とは、その子が自分自身のものとして虐待やネグレクトなどの体験を取り扱うことを意味し、「間接的」な方法とは、プレイセラピーなどを活用して、たとえば自分とは異なる人形の体験として取り扱うことを指している）。

三つのプロセス

子どものトラウマの心理療法を専門とするケンドール・ジョンソンは、トラウマ性体験からの子どもの回復のプロセスを、「再体験」「解放」「再統合」という三つのプロセスによって説明している。

「再体験」とは、トラウマとなった体験を思い出して、当時の認知（考え）や感情などを、心理療法の場面で再び経験することを意味する。「解放」とは、それらの認知や感情を表現することである。

先に述べたように、ある体験が、単なる「心の傷」で終わらずトラウマという心的状態となる理由の一つは、その体験が子どもにとってあまりにも強烈だったために、通常のような、何度も繰り返しその情緒を再体験することで衝撃を逓減させるプロセスが適用できないためだと考えられている。つまり、強烈な情緒的反応をいわば「瞬間冷凍」させることによって、心は自らの崩壊を防衛するのである。

したがって、トラウマの「トラウマ性」を解除するためには、その体験の際に瞬間冷凍された強烈な認知や感情などの反応を「解凍」しなければならない。つまり外に向かってそれらを表現することで、解放する必要がある。凍結せざるをえなかった認知や感情を、セラピストの手助けによって解放することにより、トラウマ体験にともなっていた情緒的な衝撃を徐々に低減させていくのである。その結果、情緒的衝撃の強烈さゆえに隔離（解離）されてきた記憶が、徐々に他の記憶に編み込まれ、再統合されると、ジョンソンは考えている。

このプロセスは、章のはじめに述べた、ヴァン・デア・コルクの言う「物語記憶の構成」にあたると言えよう。

子どもへの心理療法の考え方

筆者は、ここまで紹介してきた専門家の考えを参考に、トラウマを受けた子どもへの心理療法を次のように考えている。

まず、ポストトラウマティック・プレイによって、子どもが、トラウマとなった体験の再体験と解放のプロセスを繰り返すのを促す。そのプロセスのなかで、虐待という体験のトラウマ記憶にともなう情緒的な衝撃を逓減させる。そのことによって、その記憶を、一般的な過去の記憶として、さらに新たな意味づけを持つ記憶として、物語記憶に再統合する、という心理療法である。

この心理療法では、子どもが虐待やネグレクトの体験を表現できるような状況を、セラピストが提供する必要がある。

たとえば、風呂場で熱湯による火傷を負わされた子どもには、プレイルームに風呂場のおもちゃを用意しておくことによって、子どもがそうした被害体験をプレイで表現できるような刺激を与える。親の虐待のために入院治療を受けた子どもの場合には、医療セットなどのおもちゃを用意しておく。また、ネグレクトを経験した子どもの場合には、セラピストがあらかじめ用意しておいた人形の家を使って、「一人で暮らしている赤ちゃん」というかたちで、ネグレクトの状況を象徴的に表現する。このように、セラピストは、心理療法で取り扱うべきトラウマ性体験を考え、プレイセラピーで使うおもちゃをあらかじめ整えるというかたちで、「指示的」に心理療法を進めるわけである。

こうした刺激に反応を示さない子どもに対しては、セラピストはさらに「指示性」を強め、その子どもの被害体験をセラピーのテーマとして持ち込む場合もある。

たとえば、包丁で腹部を母親に刺される体験をした悠さんとのプレイセラピーでは、「お医者さんごっこ」を行った。セラピストが患者役のウサギの人形を持って、「大人の人におなかをナイフで刺されておなかが痛いの」と、子どもが持つ医者役のクマ人形に向かって訴えた。悠さんは、当初はセラピストの言葉に凍りつくような反応を示していたものの、次第に、「その大人の人って、ママですか?」といった反応を示すようになった。

ケアをテーマとしたプレイ

心理療法においてトラウマ性体験に直面することは、子どもに非常に大きな精神的負担を強いることになる。大人でも、強い精神的衝撃を与えた体験を思い出して表現することには強い抵抗をおぼえるだろう。子どもにとってはなおさらである。

そのため、心理療法において、トラウマ性体験に直面するのを子どもに促すには、情緒的な支えが必要になる。そうした支えとなりうるのが、「退行」である。

「退行」とは、いわゆる「赤ちゃんがえり」のように、子どもがその発達段階以前の精神状態となり、年齢よりも幼いふるまいをすることを言う。

心理療法における治療的な退行には、「子どもがより幼い精神状態になることによって安全感や安心感が強化される」という機能がある。子どもは、セラピストとの間で「赤ちゃんごっこ」や「お母さんごっこ」といった退行的なプレイを行うことで、トラウマ体験に直面するための安心感やエネルギーを得ることができるのだ。

赤ちゃんごっこやお母さんごっこでは、子どもが年齢よりも幼い存在として「ケアを受ける」ことになる。そして、その「ケアを受ける」という体験が子どもにエネルギーを与えることになるのだ。同様の機能を果たすものとして、赤ちゃんごっこやお母さんごっこ以外に、ままごとやお店屋さんごっこがあるが、筆者は、これらを総称して、「ケアをテーマとしたプレイ」と呼んでいる。

子どもは、ケアをテーマとしたプレイによって得た安心感やエネルギーを支えにして、トラウマ体験に直面することが可能となる。

また、ネグレクト的な養育体験を持つ子どもにとっては、ケアをテーマとしたプレイは、もう一つ別の意味を持つ可能性もある。

ネグレクトを受けた子どもは、子どもとして適切なケアを受けるという体験が欠如していることが多い。その結果、子どもとしての依存欲求が十分に充足されていない。それゆえに、心理療法においてもう一度「赤ちゃん」に戻ってケアされるという体験は、「育ちなおし」としての治療的な意味を持つのである。

欧米と日本の違い

しかし、欧米では、ケアをテーマとしたプレイやプレイセラピーにおける子どもの退行的な状態は、さほど重要視されていないように思われる。なかには、プレイセラピーにおける子どもの退行を、病的なものであって修正されなければならないと指摘するような症例報告もある。

こうした評価の違いは、おそらく、子どもの発達や成長に対する認知の文化的な違いを反映しているのだろう。

育児について、欧米では、子どもの自立性にかなりの重きを置く。たとえば、日本の社会では乳幼児の添い寝が一般的であるのに対して、英国や米国では、生後まもない乳児期から子どもは赤ちゃん部屋などで、一人で寝ることが求められる。あるいは、オーストラリアの調査では、平均的な一般家庭での幼児のトイレット・トレーニング（おむつはずし）は、生後一八ヵ月頃から開始されており、日本のそれよりも早いと思われる。

こうした、子どもに早くから自立性を求める文化性が、精神療法や心理療法にも影響を与えているのではないだろうか。そのために、欧米では、プレイセラピーの経過中に生じる子どもの退行的なプレイを重視せず、場合によっては病的なものとみなす傾向があるのではないかと思われるのだ。

美恵さんの場合

このように、欧米と日本では、考え方の違いはあるが、筆者は、自身の経験からも、ケアをテーマとしたプレイや退行的プレイには非常に重要な治療的価値が備わっていると考えている。

心理療法の場面で、八歳頃の前思春期の男の子が哺乳瓶を口にして、赤ちゃん言葉や幼児言葉で話すことも珍しくない。また、プレイセラピーでは、こうした退行的なプレイによって安心感を回復し、エネルギーを得た子どもが、意を決したかのように虐待体験の再現に取り組む場面を目撃することも、よくあるのだ。

さらに、ケアをテーマとしたプレイは、虐待やネグレクトなどの再現であるポストトラウマティック・プレイに新たな展開をもたらす機能も果たしてくれる。

たとえば、次にあげる、小学校二年生の美恵さんのケースである。

美恵さんは、母親に階段の上から突き落とされて頭蓋内損傷を負った経験があった。美恵さんは、人形の家で、クマの赤ちゃん人形を階段から突き落とすという行為を何度も繰り返していた。階段の下に転落した人形をじっと見つめて、「死んじゃった」とぽつりとつぶやき、再び階段上から人形を転落させるのである。

こうしたプレイに、セラピストは、「落ちちゃったんだ、大変だね。痛いよね。悲しいよね。泣いてるよね」といった言葉をかけることで解放を促そうとした。しかし、美恵さんは、このセラピストの言葉がけにいっさい反応を示さず、人形をじっと見つめ、あるいは、まるで機械的とも言える態度で黙々と同様の行為を繰り返した。このままではプレイの展開は望めない、いわゆる「儀式的なプレイ」と呼ばれる状態に陥っていると判断したセラピストは、階段下に救急車のミニカーを置いてみた。

はじめのうち、美恵さんはミニカーを無視していたが、数回またクマの人形を転落させた後、無表情だったそれまでとは打って変わっていきいきとした表情を取り戻し、「大変、大変、あかちゃんが落ちて頭を打っちゃった。えーん、えーん、痛いよう！」と大きな声で叫んだ。その後、美恵さんは、自分でミニカーを操作して、人形を救急車に乗せたのである。その様子を見たセラピストは、「早くお医者さんのところに連れて行こう！」と言葉をかけ、今度は病院のおもちゃを置いた。

それ以降、階段から落ちるというポストトラウマティック・プレイに、病院での治療というケアをテーマとしたプレイが付け加えられ、プレイセラピーは再び動き始めた。

その後、美恵さんは、プレイによって「母グマに階段から突き落とされたクマの赤ちゃんが、病院に行って治療を受け元気になりました。赤ちゃんグマが元気になったことを、みんながとても喜びました」という物語を編み上げたのである。

アタッチメント障害への関心の高まり

現在、筆者は、東京の社会福祉法人子どもの虐待防止センターにおいて、児童養護施設や里親家庭で生活しており、アタッチメントに問題を抱えていると考えられる子どもを対象とした心理療法プログラムを提供している。

ここ数年、児童養護施設や里親家庭の関係者の間で、反応性愛着障害を中心としたアタッチメント関連障害についての認識が広まり、そのような問題を持った子どもへの援助に対するニーズも高まってきている。施設のケアワーカーや里親から、「子どもが反応性愛着障害だと言われたが、どうしたらいいか」といった問い合わせが虐待防止センターに入ることも多くなり、センターとしても何らかのサービスを提供する必要があると考えるようになってきた。そこで筆者に依頼があり、心理療法プログラムを実施することになったのである。

心理療法にアタッチメントを取り入れる

筆者は、従来、トラウマ概念を基盤として子どもの心理療法を行ってきた。そのため、アタッチメントに関しては、基礎的な知識はあるものの、臨床的な活用は考えていなかった。しかし、前述の虐待防止センターでのプログラムを担当するにあたって、従来自分が行ってきたトラウマ概念を基盤にした心理療法のプロセスに、アタッチメントの問題を取り入れられないかと、考えた。

こうした筆者の発想は、一九八〇年代初めの、あるハプニングによるものである。

当時、カリフォルニアでの大学院教育を終えて帰国した筆者は、関西のある医療機関の医師から、身体的虐待を受けて内臓に損傷を負い入院している四歳の真央さんのプレイセラピーを依頼された。

筆者は、カリフォルニア州オークランドのコミュニティ・メンタルヘルス・センターでのインターン中に、虐待を受けた子どもたちのプレイセラピーを担当し、スーパーバイザーからトラウマを扱うプレイセラピーの訓練を受けていた。日本の子どもにも同様の技法で心理療法を実施できないかという関心もあって、自信はないながらも真央さんのプレイセラピーに臨むことにした。

しかし、プレイセラピーの開始からしばらくは、虐待やネグレクトのテーマをなんとか持ち込もうとしても、真央さんの頑強な抵抗にあってなかなかセラピーが進展せず、苦労していた。

数セッション目に、そのハプニングは起こった。その病院では、入院病棟とプレイルームが異なったフロアにあり、プレイルームで待機している筆者のもとに、病院で真央さんを担当している女性心理士が真央さんを連れてくるというやり方をとっていた。しかしその日に限って、真央さんはその心理士にしがみつき、なかなかプレイルームに入ろうとしなかった（いまの筆者には、この真央さんの抵抗は、筆者が未熟なかたちでトラウマへの曝露を行おうとしていたことへの抵抗だったと理解できる）。あまりに強く真央さんが心理士にしがみついたままだったため、そのセッションはやむなく、心理士同席で行うことになった。

だが、結果的にそれが功を奏した。それまでどのように工夫してもうまくいかなかった虐待体験への曝露が、このセッションではスムースに展開したのだ。

何が違っていたのだろうか？

皆さんも想像されるように、それは、その心理士の存在だった。

真央さんは、フロアに座っている心理士の膝に抱っこされながら、自分の虐待体験を扱うことができたのだ。まるで二、三歳の幼児のように親指を吸い、心理士の長い髪をゆっくりとしたリズムでさわりながら、真央さんが、筆者が人形を使って彼女のトラウマ体験を再現している場面をまっすぐに見つめている光景は、二〇年近くが経過したいまでも鮮明に記憶している。

先に述べたように、アタッチメントの心理療法にどのような技法を用いればいいのかと頭を痛めていたとき、長らく忘れていたこのハプニングを思い出した。

子どもは、不安や恐怖などの感情を覚えたとき、アタッチメント行動によって安心感を回復する。一方、セラピーによってトラウマ性体験に再び直面することで、恐怖や不安などのトラウマ関連の感情がたかまる可能性は高い。この二つを組み合わせることができないか、と考えたのだ。

心理療法でトラウマ体験に直面したとき、子どものそばに、現在の生活を支援する養育者がいれば、養育者に対する子どものアタッチメント行動が活発になるのではないか。あるいは、優しく抱っこされたり、安心感を覚えることが繰り返されれば、大人に近づこうとしない（アタッチメント行動をとれない）子どもであっても、次第に安心感を持てるようになり、近づける（アタッチメント関係が形成されていく）ようになるのではないか。そうすることで、トラウマ体験への曝露も、より進むのではないか。

子どものための心理療法プログラム

そのような考えのもと、筆者は、子どもの虐待防止センターで実施する、施設や里親家庭で生活する子どものための心理療法プログラムの骨格を定めた。

少し長いが、以下にプログラムの紹介文をあげる。

---

①本プログラムは、子どもとその主たる養育者（施設の担当ケアワーカーもしくは里親）との関係の改善・強化を目的とする。そのため、通常の心理療法とは異なり、子どもと養育者の二者による合同セッションを中心とする。

②養育者への心理的教育を重視する。治療プログラム開始時に養育者に「アタッチメントとアタッチメント障害」に関する心理的教育を提供する。また、日常生活における子どもと養育者の関係の強化を目的として、合同セッションの後に養育者へのコンサルテーション（約三〇分）を行う。その間、子どもには合同セッションを担当したセラピストとは異なるセラピストによるプレイ・セッションを提供する。ここでは、非指示的療法を基本として、子ども

の自主的な表現を促す。

③合同セッションでは、アタッチメントの形成にとっての感覚や感情の重要性に関する従来の指摘を重視し、子どもと養育者の相互関係において感覚や感情面の刺激・共有を図るためのエクササイズ、ゲーム、フィンガーペインティング、描画などのプログラムを取り入れる。

④合同セッションにおいて、随時、子どもの虐待やネグレクト、あるいは喪失などのトラウマ性の体験をテーマにできるよう、セラピストは、子どもにとって対処可能と思われる範囲内での曝露を行う。この曝露によって子どもがトラウマ性の体験をテーマにしたプレイを展開したり、あるいは話し始めた場合には、セラピストはそのテーマに沿って子どものより詳細な表現（認知、感情、記憶など）を促すようかかわる。

⑤合同セッションでトラウマ性体験への曝露を促進する際、養育者は子どもに心理的サポートを提供するようにかかわり、子どもにとって「抱える環境」(holding environment）を提供する。そうすることで、子どもは苦痛な体験に直面するための保護や励ましを養育者から得ることができる。また、恐怖や不安などが高まった子どもに安心感を回復させることがアタッ

チメントの基本機能であるとするなら、トラウマ性体験への曝露という事態で養育者に「抱えられる」ことによって、子どもと養育者との関係の強化が生じると期待される。

⑥さらに、合同セッションにおいては、プレイセラピーの枠組みで、子どもが養育者に対して退行的な関係が持てるよう働きかけ、養育者と子どもの関係のさらなる強化を目指す。

⑦前述の養育者とのコンサルテーションにおいては、合同セッションで養育者が得た子どもへの理解や子どもに対するかかわり方を、日常生活において応用できるように支援する。

「子どもと養育者が同席で実施する」という心理療法の技法は、欧米でも、とりたてて目新しいものではない。しかし、筆者らの方法は、養育者と子どもとの退行的な関係を重視する点で、欧米で行われているものとはかなり異なっている。

現時点で、約四〇組の養育者と子どもが本プログラムを終了しており、この四〇人の子どもに関して言えば、このプログラムはかなり有効であるという印象が得られている。

このプログラムは、実施前と実施後、そして終了後六ヵ月が経過した時点でのフォローアップにおいて、子どもの行動チェックリストなどを用いた効果測定を実施しているが、これまでの効果測定の結果では、子どもの問題行動の改善が示されている。

さらに、プログラム終了直後よりも六ヵ月後のほうが問題行動は改善されたという結果になっている。これは、プログラムによって、生活を支援する養育者とのアタッチメント関係が改善されたことにより、終了後にもプログラムの効果が持続され、プログラム終了時には未解決だった問題のいくつかが、その後の生活の中で解消されていった結果ではないかと推測される。

なお、欧米では、アタッチメントを治療のターゲットとしたさまざまなタイプの「愛着療法」（attachment therapy）が考案、提唱されているが、そのなかには、治療の経過中に子どもが死に至ったとされる技法をはじめ、さまざまな問題が指摘されているものも少なくない（こうした愛着療法では、虐待やネグレクトなどの過去の体験を扱うことに子どもが抵抗を示した際に、子どもを動けないように押さえ込むことが多い。こうした押さえ込みが、不適切に行われ、子どもが死亡したケースが数例報告されている）。そのため「愛着療法」の適用に関しては、注意を要する（この点に関して、米国の虐待防止学会であるＡＰＳＡＣ［American Professional Society on the Abuse of Children］の調査委員会が詳細な報告書を提出している。この報告書は、「再出生療法」［rebirthing therapy］、「圧迫抱っこ法」［compression holding therapy］、「修復的愛着療法」［corrective attachment therapy］、「エヴァーグリーン・モデル」［Evergreen model］などと呼ばれている療法に対して警鐘を鳴らしている)。

人格の歪みの手当てのために

虐待やネグレクトなどは、子どもの発達に深刻な影響を与え、子どもの性格や人格の形成に深刻な歪みを引き起こす可能性が高い。これまで述べてきたようなトラウマに焦点を当てた心理療法や、アタッチメントの形成を目的とした心理療法的なアプローチによって、子どもの抱える心理、精神的問題や行動上の問題の一部は、解決あるいは軽減できる。しかし、それらの問題の基礎となる人格(自己)そのものへの効果は、あまり期待できないように思われる。

こうした自己の歪みを手当てするためには、子どもの生活環境全体が、子どもにとって治療的な効果をもつものでなければならないと、筆者は考えている。このような考えによる治療概念は、「治療的養育」(therapeutic parenting)と呼ばれている。ほかにも「環境療法」「生活療法」などの呼ばれ方もあるが、基本的にほぼ同じ内容である。

筆者は、この治療的養育とトラウマに焦点を当てた心理療法とを組み合わせて、図5のような家の形のモデルを考えている。

このモデルは、子どもの生活の重要性を象徴的に表そうという意図で、家の形になって

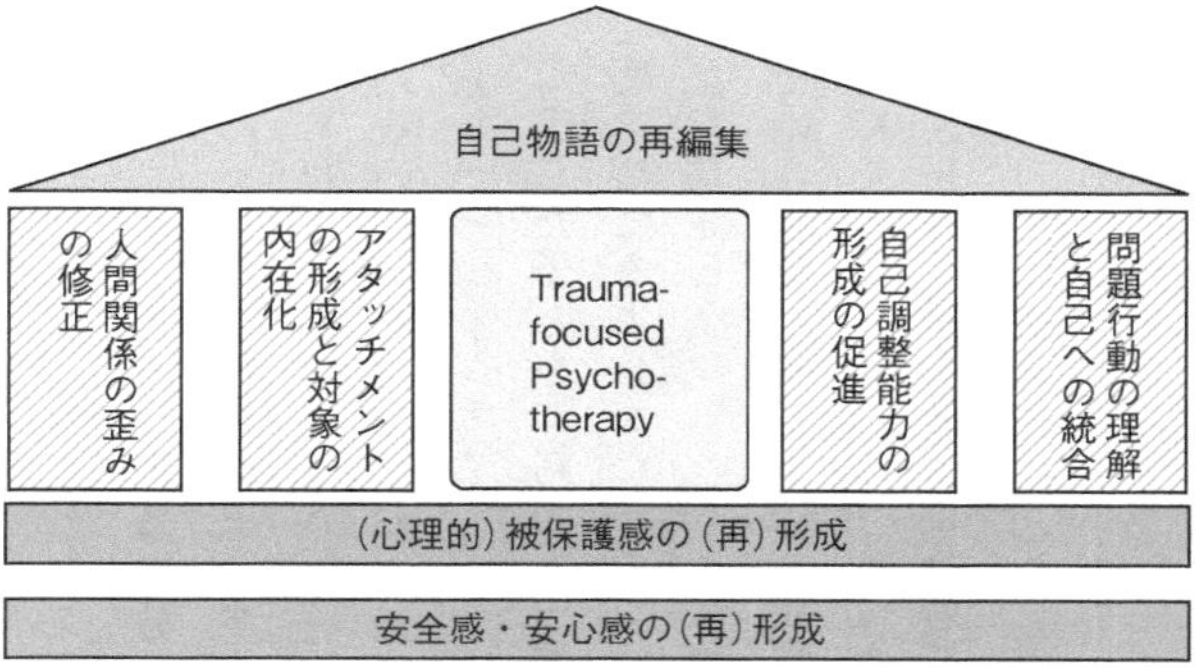

図5　虐待を受けた子どもの心理的ケアの構造

いる。この図に沿って説明していきたい。

二層の土台

このモデルでは、いちばん下に、子どもの治療的養育の土台として、「安全感・安心感の（再）形成」、その上に「（心理的）被保護感の（再）形成」が置かれている。

子どもは、自分の生活空間に対して、「ぼくはここでは安全なんだ、安心できるんだ」という感覚を持てなければならない。このことは、文章にするのは簡単だが、非常に困難な課題である。前述したように、虐待を受けた子どもには、虐待的人間関係の再現性という特徴が見られる。こうした子どもは、かかわりを持ってくる大人を無意識のうちに挑発し、神経を逆撫でする言動を弄して、怒りを引き出そうとする。

また、それまでの虐待体験から「大人は自分を傷つける」というイメージを持っているため、「ここでは誰もあなたに暴力をふるわないから、安心していいんだよ」と養育者に言われても、その言葉は自分が大人について持っているイメージと違うため、不安を覚え、あるいは不信を抱き、その大人の言葉が「嘘」であることを示そうとして、その言葉にいわば「挑戦」するかのように、問題を起こす。

あるいは、その言葉が本当かどうかを、ギリギリまで試そうとすることも少なくない（これを「リミット・テスティング」という）。

こうした子どもに対して、彼らのそうした問題行動は制限しつつも、彼らが安全感や安心感を持てるようかかわっていくことは、並大抵の苦労ではない。しかし、これこそがすべての基礎となっていると言っても過言ではない。

そのうえで、子どもが、養育者に対して「自分はこの人に守られているんだ」という感覚を持てるようにしなければならない。ある特定の養育者がいて、その人が自分を守ってくれるという感覚を、この図では「被保護感」と表現している。前述の安全感・安心感に引きつけて言えば、「特定の養育者の存在が安全感や安心感をもたらしてくれている」という感覚だと言えよう。

四本の柱

こうした二つの基礎となる層の上に立つのが、次の四本の柱である。

①「**人間関係の歪みの修正**」
②「**アタッチメントの形成と対象の内在化**」
③「**自己調整能力の形成の促進**」
④「**問題行動の理解と自己への統合**」

この四本の柱について、次に見ていこう。

①人間関係の歪みの修正

人間関係の歪みの修正とは、虐待やネグレクトで歪んでしまった子どもの人間関係のパターンに注目して、その修正を試みることを言う。

虐待的人間関係の再現傾向を示しやすい子どもに、自分にそういった傾向があることに注意を向けさせ、その修正を試みるのである。

たとえば、「お前なんか関係ねえ。あっちへ行け。死ね」と言ってくる子どもに対して、

「あなたの言葉を聞いていると、なんだか僕のことを怒らせようとしているみたいだね」といった言葉を返すことによって、子どもが無意識のうちに行ってしまっている歪んだ人間関係のパターンへの気づきを促す。

あるいは、「あなたも、死ねって言われたことがあるのかな」といった具合に、子ども自身のかつての被害体験と現在の行動との関連について、子どもが認識できるような反応を返す。

こうした対応を重ねることで、子どもが自分の対人関係の歪んだパターンを認識できるようになることを通して、その修正を図っていくのである。

②アタッチメントの形成と対象の内在化

不適切な養育を経験してきた子どもは、養育者との間で適切なアタッチメントの形成がなされておらず、そのためにさまざまな問題が生じる傾向があることは、すでに述べた。こうした問題に対して、心理療法プログラムの提供などの支援が有効であることも、先に述べたとおりである。

しかし、子どもが、施設のケアワーカーや里親など現在の養育者と適切なアタッチメントを形成していくためには、心理療法的な援助だけでは不十分で、生活をともにする養育者が、日常生活でアタッチメントの形成を意識して子どもにかかわっていくことが必要になる。

たとえば、先に述べたように、子どもは、不安や恐れを感じた際にアタッチメント行動を活性化させると考えられる。

であるとするなら、養育者が、子どもが不安や恐れを感じる事態に注意を払って、そういった場面では意図的に子どものそばにいて安心感を与えられるようにすれば、子どもがアタッチメント行動を向けてくる可能性は高くなる、と考えられる。

二〇〇三年にＮＨＫの「クローズアップ現代」が、乳児院の乳児の問題を取り上げたことがあった（二月一二日放送「赤ちゃんが笑わない」）。番組では、ネグレクト家庭で育ったために泣かない、あるいは笑わない赤ちゃんにスポットがあてられた。生後数ヵ月の頃から乳児院で養育されていた、泣き顔も笑顔も見せない赤ちゃんの一人が、二歳半ばになったころ、ある特定のケアワーカーに対して微笑むようになったのである。その前後の様子から、この赤ちゃんはこのケアワーカーにアタッチメントを形成し、その関係性においてはじめて微笑みを示すようになったと考えられた。

当時、その乳児院では、アタッチメントの形成に向けた心理療法などは行われておらず、このアタッチメントの形成は、日常のケアのなかでなされたと考えられる。そのきっかけとなったのは、その赤ちゃんの中耳炎の治療のための通院だった。中耳炎の治療は乳児に痛みや恐怖を与えがちだが、治療中、泣き叫ぶ赤ちゃんを、担当のケアワーカーはずっと抱いたまま、なぐさめや励ましの言葉をかけ続けたのだ。通院を重ねるうちに、乳児とケアワーカーの関係は特別なものとなり、赤ちゃんが初めてケアワーカーに対して微笑みを見せるようになったことを、番組は伝えていた。

このように、アタッチメントの形成には、心理療法的な支援以上に、生活レベルにおけるかかわりが重要になる。そして、そうしたアタッチメント行動を通して、特定の大人とのアタッチメント関係が形成され、その大人の像が子どもの心のなかに形成されるという「アタッチメント対象の内在化」が生じると考えられる。

このように、子どもを担当するケアワーカーや里親など養育者には、子どもの心に入り込むことをめざしたかかわりが求められることになる。

③自己調整能力の形成の促進

不適切な養育を経験してきた子どもは、先に述べたように、誤ったしつけのために自己を調整する能力が育まれていない。そのため、自己調整障害は子どもの日常生活においてさまざまなかたちであらわれる。

なかでも、施設のケアワーカーや里親がもっとも悩まされるのが、怒りの感情の爆発、いわゆるパニックであろう。子どもたちはほんのささいな刺激で激しい怒りの感情を持ち、それをコントロールできないために暴力行為や破壊行為として、周囲に撒き散らす。あるいは、そうした感情や感覚を吹き飛ばそうとして、自傷行為を示す。

こうした子どもは、たとえ一〇歳になっていたとしても、まるで乳児が泣き叫んでいるようなものなのだ。ケアワーカーや里親は、自己調整能力の形成を促すかかわりを提供する必要がある。親が泣き叫ぶ乳児を抱きかかえてあやすのと同じようなかかわりを提供する必要があるのだ。

たとえば、泣いている乳児を抱きかかえながら、親は「機嫌が悪いんでしゅねえ」「眠たいんでしゅねえ」といった声かけをする。これは、なんだかわけのわからない不快感に包まれている乳児の状態に、親が言葉を与えることで、自分は機嫌が悪いんだ、眠いんだという理解の枠組みを与えているのだと考えられる。自分の状態に「名前」をつけられることが、コントロールの形成に向けた第一歩となるのだ。

同様に、怒りを爆発させ大暴れしている幼児や子どもに対しても、「すごく腹が立っているんだね」「すごく悲しくて、大暴れしたいんだね」といった声をかけるなど、子どもが自分の感情や感覚を理解するための支援の提供が必要となる。

乳児の親が、抱っこした子どもを軽く揺すったり体位を変えたりするなどの軽い刺激を提供して、子どもが「不快」の状態から「快」の状態に復帰するのを援助することは、先に述べたとおりである。

幼児期以降の子どもに対して、乳児と同じような刺激が有効に働くとは考えにくい。とはいえ、子どもができるだけ早く「快」の状態に戻れるよう、たとえば環境を調節することは可能である。子どもをさらに刺激するようなものは周囲から取り除くなど、感情がコントロールできるようになるための援助を提供するのである。子どもが少しでも安心感を持てるように声をかけたり、場合によっては身体接触を有効に用いることが適切な場合もある。

子どもが落ち着きを取り戻してきたら、感情爆発を生じた時の認知（考え）や感情（気持ち）、あるいはそうした認知や感情を喚起した刺激（きっかけ）を振り返り、子どもが経験したことを整理できるように、時間をかけて支援する必要がある。

子どもは、「わけがわからない状態」となっていた出来事に、自身が「言葉」を与えることによって、次第に、その出来事に対する認知や感情をコントロールできるようになる。

一方、ついさっきの大暴れがあたかもなかったかのように、打って変わった笑顔で養育者に接してくる子どももいる。こうした急激な変化は、一種の解離であると考えられる。こうした子どもにとっては、「連続性の回復」ということが必要となるため、「さっきの大暴れ」を話題にして考えさせることが必要となる。

多くの場合、子どもはこうした働きかけを避けようとしたり、いやがったりするが、振り返ってみることの必要性を粘り強く説明する必要がある。

④問題行動の理解と自己への統合

筆者は、虐待を受けた子どもとのこれまでのかかわりにおいて、さまざまな問題行動への対応に苦慮してきた。

子どもの問題行動は多種多様である。万引き、窃盗、金品の持ち出し、バイク盗、放火、小動物の虐待や殺害、対人暴力、自傷行為、自殺企図、飲酒、喫煙、薬物使用、性的逸脱行動、売春など、枚挙に暇《いとま》がない。

しかし、こういった問題への対応に苦慮するなかで、これらの行動に一つの共通点があると考えるようになった。

それは、彼らの問題行動には、子ども自身も気づいていない何らかの「自己表現」としての意味があるということである。

たとえば、万引きを繰り返す子どもに、ただ「どうして盗《と》ったの?」と問うだけでは、「欲しかったから」という答えしか返ってこないだろう。

こうした子どもの言葉に対して、大人の多くは「欲しいからって盗っちゃだめでしょう」という「説教モード」に入りがちなのだが、そうではなくて、「その欲しい気持ちの後ろにはどんな考えや気持ちがあるのかなあ」といった具合に探究を続けていくのである。そうしたかかわりを重ねていくことで、子ども自身も、それまで意識や理解をしていなかった「真の理由」を発見することが少なくない。たとえば、「お母さんと離れていてとてもさみしい気持ちがあったのかな。それを紛らわせようとして万引きしちゃったのかも」といったように。多くの場合、万引きには、親との分離にともなう寂寥《せきりよう》感の補塡《ほてん》としての意味が潜んでいるのだ。

子どもは、虐待などのトラウマ性の体験を抱えた自己の一部を切り離す傾向がある。こうした切り離しは、苦痛な体験を日常的な意識から遠ざけるという意味で、防衛機制である解離の一種であると考えられる。

「切り離された自己」は、意識との関係が断たれているために、言語的に表現されることはない。しかし、自己である以上、その存在を主張し、自らを表現してくる。その表現は、身体症状という身体的表現や、問題行動という行動的表現によって行われることにな

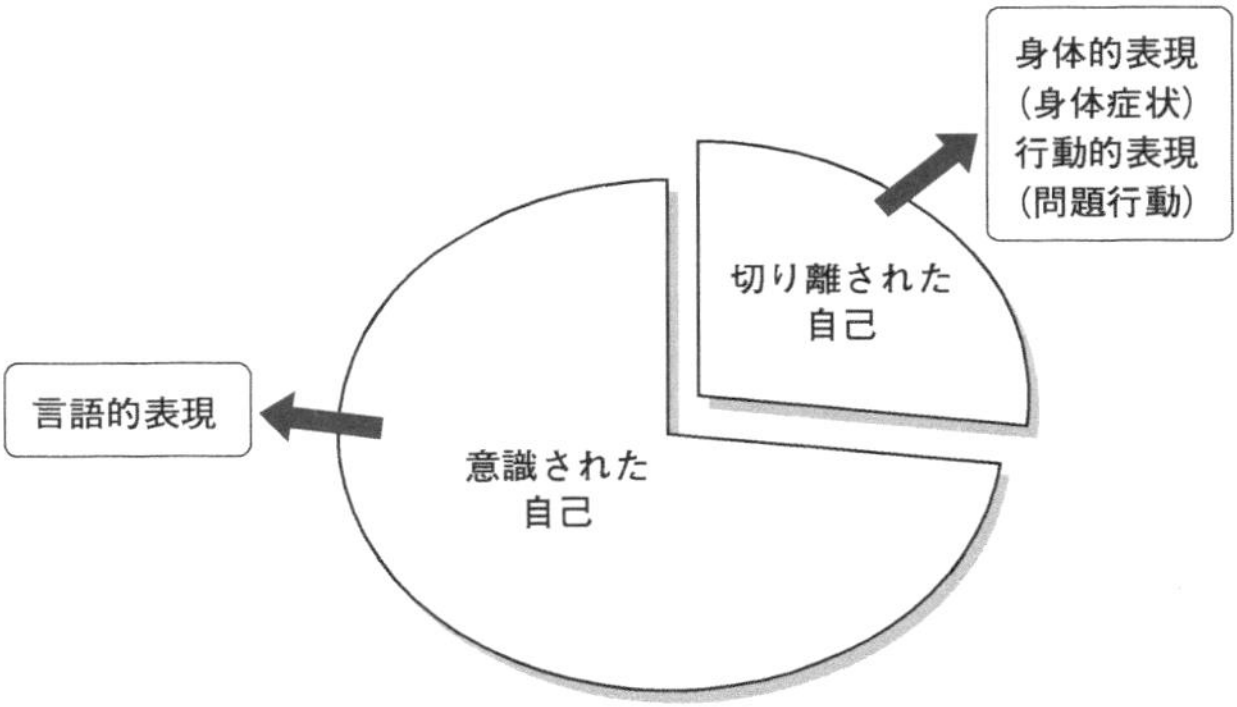

図6 「切り離された自己」のモデル図

る(図6参照)。

「意識された自己」にとっては、トラウマ性体験を抱えた自己は強い苦痛をもたらすものである。そのために、できるだけ遠ざけておきたい。

そこで、「切り離された自己」の表現としてやってしまった、たとえば「万引き」などの問題行動に直面することを避け、「欲しかったから」や「したかったから」という表面的な答えですませようとする。周囲の人間がその答えの真の理由や意味を理解しようとせず、叱責や説教を繰り返すだけでは、問題行動は再現され続けることになる。

必要なのは、子ども自身が気づいていない問題行動の真の意味を、子どもとともに意識化できるよう、働きかけていくことである。そうしたかかわりによって、子どもの切り離された自己は、徐々に、意識化された自己に再び統合されていく。そうなれば、その内容は言語的表現の対象となり、行動表現である問題行動も減少していくと考えられる。

自己物語を再編集する

ここまで、二二五ページの図5のなかの、二層の土台と四本の柱について述べてきた。これらは主として、子どもの日常生活を支援する、施設のケアワーカーや里親などの養育者が取り組むべき課題となる。

図5の家の屋根にあたる「自己物語の再編集」も、基本的にはケアワーカーや里親によって提供されるものと考えられる。しかし、この考え方や技法は、たとえば保育所の保育士や学校の教師、あるいは病棟の看護師などの、子どもにかかわる専門家にも十分応用可能である。

土台と柱は、屋根がうまく組み合わされて、初めて家になる。

この屋根づくりが、「自己物語の再編集」である。この作業は、心理士や精神科医とともに心理療法として行われる場合もあるだろうし、日常生活において養育者の支援で実施される場合もある、と筆者は考える。

虐待を受け施設や里親家庭にやってくる子どもたちには、「親は自分のことを心配してくれている、愛してくれている」など「親の愛」という幻想にしがみつきたいがために、虐待体験や親から離れた喪失体験を自分の責任にする傾向があることは、すでに述べた。

こうした子どもは、「ぼくが悪い子だったから、お母さんやお父さんはぼくのことをよい子にしようと思って叩いた。でも、ぼくは、どんなに叩かれても全然よい子になれなかった。どうしようもないくらいに悪い子だったぼくを、お母さんやお父さんはついにあきらめて、施設に捨てたんだ。だから、施設に来たときにぼくの人生は終わったんだ」というような自己物語を語る。

自分について、このようにしか物語れない子どもが、これからよい人生を送るためにがんばろうという気持ちになれないことは、誰の目にも明らかであろう。子どもたちを支援しようとするなら、彼らの持っている自己物語を少しでも肯定的なものに修正する必要があるのだ。

自己物語は修正できる

自己物語を修正すると言っても、虐待の事実をなかったことにすることはできない。そうではなくて、大切なのは、過去の出来事の意味を変化させることだ。それが、物語の修正につながるのだ。

たとえば、虐待されたのは、「ぼくが悪い子」だったからではなく、「お母さんやお父さんが間違った」からであり、さらに「お父さんが間違えたのは、お酒の病気のためだった」といった具合に意味づけを変えていく。施設に来たのは、「捨てられたから」ではなく、「みんながぼくのことを守ろうとしたからだ」と修正する。「ぼくの人生は終わった」のではなく、「ぼくは施設で生活しながらお母さんの『怒りんぼ病』が治るのを待っている」に修正するわけである。

こうした修正は、心理士や養育者からの押しつけではまったく意味がない。子どもと養育者の共同作業でなければならない。

こうした修正が行われるためには、子どもがトラウマとなった虐待などの体験に十分に直面し、その体験を認知面でも感情面でも整理できていなくてはならない。そのために、トラウマに焦点を当てた心理療法が適切に提供されていることが、物語の再編集という作業の前提条件の一つとなる。

また、子どもが、現在の生活環境に安心感を持ち、施設で生活していることを肯定的にとらえていない限り、子どもの物語は肯定的なものとならない。

施設で暮らすある子どもは、この「自己物語の再編集」の作業に取り組んでいるときに、「ぼくは、いままでこのおうち（施設のこと）に来て嫌《いや》だと思ってきたけど、でも、考えてみればここだと叩かれたりしないから、ここにきてよかったのかもしれないと思うようになった。あのまま前の家にいたら、ぼくは死んでいたかもしれない」と述べた。この新たな気づきが生まれて以降、この子が編む自己物語は、より肯定的な要素を含むようになった。こうしたことが起きるようになるためにも、子どもの生活環境が、安心感を覚えるもの、あるいは支援を感じられるものでなくてはならない。

子どもが現在を肯定できるようになるためには、生活が治療的養育として適切に機能していなければならない。

このように、自己物語の再編集という作業は、適切な治療的養育と心理療法の上に乗せられる屋根として位置づけられるのだ。

美香さんの言葉

このような自己物語の編集に取り組んでいると、しばしば出くわす困難な問題がある。それは、「私が悪い子でなかったのなら、どうしてお母さんは私のことを叩いたの？」という疑問である。

子どもはそれまで、「自分が悪い子だから叩かれた」と信じてきた。それが、この編集作業によって揺らぐことになる。それによって新たにぶつかるのが、「どうしてお母さんは……」という疑問なのだ。

この疑問に対して、どのような意味づけができるだろうか。先に述べたように、親にアルコールや薬物依存の問題があれば、それを暴力の理由として意味づけできるかもしれない。あるいは、親自身の成育歴の問題を扱う必要が生じる場合もある。

最後に、筆者の心に強く残っている言葉を紹介したい。

中学校三年生の美香さんは、母親から虐待を受けて育った。

彼女が、「どうして母親は私に暴力をふるったのか」というテーマに苦しんでいたとき、セラピストは美香さんの母親の成育歴を一緒に検討してみようと提案した。

この提案に対し、美香さんは、はじめはあまり気乗りしない様子であったが、実際に作業にとりかかってみると、これまであまり知らなかった母親の子どもの頃の話にどんどん引き込まれていった。そして、自分自身の経験が、実は母親の経験の繰り返しであることに気づいた。

そして、美香さんは、次のように語った。

「母親がどうして私に暴力をふるったのか、なんとなくわかったような気がする。私は、母親に対して強い怒りを感じてきた。いまも、怒りには変わりはない。でも、母親がどのような子ども時代を過ごしたかを知って、その生き方が、一人の女としてはなんとなくわかるような気がしてきた。母親としては絶対に認められないけどね」

エピローグ

救出された後の子どもの心の問題

本書では、三〇年あまりの筆者の臨床経験に基づいて、虐待の現状、虐待やネグレクトなどが子どもに与える影響、心理療法や治療的養育のあり方を見てきた。

しかし、本書で筆者が述べたような心理療法は、残念ながらまだ一般的ではない。本文でも述べたように、日本で子どもの心理療法に従事する心理士の多くは、子ども中心プレイセラピーなどの技法にしたがって、治療にのぞんでいる。

虐待やネグレクトを受けて大人になった人を対象にトラウマを直接扱う、長時間曝露法やＥＭＤＲといった技法についても、実施できる精神科医、心理士は、まだごく限られている。

また、児童養護施設や里親家庭のすべてが、本書で述べたような観点で子どもへの養育を行えるわけではない。

こうした現状を生んでいる大きな要因の一つに、虐待やネグレクトなどの不適切な養育を受けている子どもたちに対する社会の人々の無関心さがあると思う。

確かに、わが国の「虐待元年」と言われる一九九〇年から二〇年以上を経て、虐待やネグレクトに対する社会の関心は、高まってきているように思う。

子どもが虐待やネグレクトによって死に至る事件が起きるたびに、どうして子どもを救えなかったのか、という声も起きる。

しかし、そこで子どもが救出されたとして、その先の、子どもの心の問題はどうなるのだろうか？

深刻な虐待を受けている子どもを、その家庭から「救出」することは、もちろん非常に重要である。しかし、そういった子どもたちに、どのようなケアや治療を提供すべきなのだろうか？

こうした問題に、社会は関心を払っていると言えるだろうか？

社会は関心を持っているか

たとえば、虐待環境から保護された子どもたちが、その後どのように育つかについて、知っている人は少ないのではないだろうか。

また、日本の社会的養護の実態が、子どもの権利条約違反であることを知っている人となると、ほとんどいないのではないだろうか。子どもの権利条約は、虐待やネグレクトなどの理由で保護された子どもは、主として里親家庭や養子縁組家庭などの個別の家庭で養育されるべきであると定めている。現に、欧米諸国では、家庭から保護された子どもの八〇~九〇パーセントはそうした個別の家庭で養育を受けている。

しかし日本では、里親家庭で養育される子どもは全体の一〇パーセント程度に過ぎず、九〇パーセント近くの子どもが、児童養護施設などにおいて集団養育を受けているというのが現状である。子どもの権利条約は、施設における養育を否定しているわけではないが、それは、精神的な問題など、子どもにとっての必要性によって判断されるべきだとされている。それに対してわが国で施設での養育が主流になっているのは、里親養育を担おうという家庭が極端に少ないなど、社会の側の事情によるものだ。

さらに、その児童養護施設には、子どもの養育を担うべきケアワーカーが十分に配置されていない。

たとえば、イギリスでは、施設にいる子ども一人に対して一人(一対一)の割合でケアワーカーを配置するよう法律が定めているのに対して、日本の配置基準は、幼児四人に対して一人、小学生以上の子ども六人に対して一人となっており、イギリスの施設の足元にも及ばない人的貧困状況にある。

こうした慢性的な人員不足の状態にある施設において、本書で述べてきたような治療的養育は、まさに「絵に描いた餅」とならざるを得ない。

社会的養育を担う機関である児童養護施設などに適切な数のケアワーカーが配置されていないのは、社会的資本が適切に投入されていないためである。

そして、そうした子どもへの適切な社会資本の投入を妨げる要因となっているのは、虐待やネグレクトなどにさらされた子どもに対する一般社会の無関心である。

虐待を受けて成長した子どものなかには、成長後に、深刻な犯罪を繰り返してしまう反社会性人格障害という問題を抱える者が、少なからず存在する。

筆者は、殺人事件などの重大な犯罪を行った加害者の刑事裁判において、被告人がどのような経過でそうした重大な犯罪を行うに至ったかを分析する心理鑑定という業務に携わることがある。このときしばしば、加害者の多くが、子どもの頃に虐待やネグレクトなどにさらされてきた事実に直面する。

であるとすれば、これらの事件を生んだ要因の一つは、虐待やネグレクトに対する社会の無関心ではなかろうか。

裕也さんの場合

最後に、裕也さんとのエピソードを紹介したい。

裕也さんは、現在、三〇代前半の男性である。

裕也さんは、小学校低学年の頃に、親の暴力とネグレクトが原因で、児童養護施設で生活するようになった。彼は、大変な経験をしてきたにもかかわらず、施設では明るく活発で、学校でもリーダーシップを発揮するような、いわば優等生であった。

その裕也さんに変化が見られるようになったのは、中学生になってからのことである。彼は漠然とした不安を抱え、次第に学校に行けなくなった。

いわゆる引きこもりの状態となった裕也さんは、強い抑うつ感を訴え、施設のケアワーカーにしきりに「生まれてこなければよかった、死にたい」と訴えるようになった。実際に自殺を試みようとしたこともあった。精神科で投薬治療を受けたが、あまり効果はなかったようである。

そんな裕也さんに対して、ケアワーカーや施設の心理士はできる限りの支援を行った。それが功を奏したのか、二〇歳になる頃、なんとか通信制の高校を卒業し、アルバイトにも出られるようになった。

その後、アルバイトでの優秀さが認められて正規職員として採用され、自立生活が可能となった。現在では、その職場で知り合った女性と結婚し、子どももいる。

数年前、私は、偶然、裕也さんに再会した。懐かしさもあり、また、彼の現在の様子も知りたいと思ったので、私は彼を食事に誘った。そこで、施設退所後の彼の話をいろいろと聞くことができた。裕也さんの元気な様子やいまのしっかりした生活状況に安心した私は、何気なく彼の施設時代の自殺願望を話題にした。

「あの頃、とっても大変だったよね、死のうとまでしてたよね」

いまの彼なら大丈夫だろうという自信を持ってこの話題にふれた私の問いかけに、裕也さんは、思いもよらぬ反応を返してきた。

「あの頃は本当に死にたいと思っていた。どうして生まれてきたのかぜんぜんわからなかったから。いまは、積極的に死にたいと思ってはいない。だけど、いつ死んでも、明日死んでもいいかなとは思っている。いまだに、自分が生きている意味がわかっていないから」

この裕也さんの言葉は、私にとって、かなりの衝撃となった。結婚し、子どもをもうけ、それなりに楽しく充実した日々を過ごしているように見える彼の内面には、子どもの頃の虐待体験が、いまだに黒い影を落とし続けているのを感じたからだ。

　子ども虐待は、人生を通してその人に影響を与え続ける可能性がある。だからこそ、予防や早期の対応が必要であり、虐待を受けた子どもへの十分なケアが必要なのだ。

Techniques for Counselors, Theahers, and Other Professionals. Alameda, Hunter House, 1989.

●Webサイト

・社会保障審議会児童部会児童虐待等要保護事例の検証に関する専門委員会「子ども虐待による死亡事例等の検証結果等について(第6次報告)」
http://www.mhlw.go.jp/bunya/kodomo/dv37/index_6.html

る子どもたち――加害者としての親が家族機能に及ぼす影響』幾島幸子訳、金剛出版、2004年
(Bancroft, L. and Silverman, J.G., *The Batterer as Parent: Addressing the Impact of Domestic Violence on Family Dynamics.* Thousand Oaks, Sage Publication, 2002.)
・小西聖子『ドメスティック・バイオンス』白水社、2001年
・フランシーン・シャピロ、マーゴット・シルク・フォレスト『トラウマからの解放：EMDR』市井雅哉監訳、二瓶社、2006年
(Shapiro, F., and Forrest, M.S., *EMDR: The Breakthrough Therapy for Overcoming Anxiety, Stress, and Trauma.* New York, Basic Books, 2004.)
・ベセル・A・ヴァン・デア・コルク、アレクサンダー・C・マクファーレン、ラース・ウェイゼス編集『トラウマティック・ストレス――PTSDおよびトラウマ反応の臨床と研究のすべて』西澤哲監訳、誠信書房、2001年
(Van der Kolk, B.A., MacFarlane, A.C., and Weisaeth, L.〔eds.〕, *Traumatic Stress: The Effect of Overwhelming Experience on Mind, Body, and Society.* New York, Guilford Press, 1996.)
・西澤哲『トラウマの臨床心理学』金剛出版、1999年
・エドナ・B・フォア、エリザベス・A・ヘンブリー、バーバラ・O・ロスバウム『PTSDの持続エクスポージャー療法――トラウマ体験の情動処理のために』金吉晴・小西聖子監訳、星和書店、2009年
(Foa, E.B., Hembree, E.A., and Rothbaum, B.O. *Prolonged Exposure Therapy for PTSD: Emotional Processing of Traumatic Experiences, Therapist Guide.* Oxford, Oxford University Press, 2007.)
・バージニア・M・アクスライン『遊戯療法』小林治夫訳、岩崎学術出版社、1972年
(Axline, V.M., *Play Therapy.* New York, Ballantine Books, 1947.)

●英語の書籍（書名アルファベット順）

・Dutton, D. G., *The Abusive Personality: Violence and Control in Intimate Relationships.* New York, Guilford Press, 1998.
・Walker, L.E.A., *Abused Women and Survivor Therapy: A Practical Guide for the Psychotherapist.* Washington, American Psychological Association, 1994.
・Pearce, J.W. and Pezzot-Pearce, T.D., *Psychotherapy of Abused and Neglected Children,* Second Edition. New York, Guilford Press, 2007.
・Johnson, K. *Trauma in the Lives of Children: Crisis and Stress Management*

おもな参考文献

●日本語の書籍（書名あいうえお順）

※翻訳書については原書データを（　）で記した。

- 数井みゆき・遠藤利彦編著『アタッチメントと臨床領域』ミネルヴァ書房、2007年
- メアリー・エドナ・ヘルファ、リチャード・D・クルーグマン、ルース・S・ケンプ編集『虐待された子ども』坂井聖二監訳、明石書店、2003年
  (Helfer, M.E., Kempe, R.S., and Krugman, R.D〔eds.〕, *The Battered Child, Fifth Edition.* Chicago, University of Chicago, 1997.)
- エリアナ・ギル『虐待を受けた子どものプレイセラピー』西澤哲訳、誠信書房、1997年
  (Gil, E., *The Healing Power of Play: Working with Abused Children.* New York, Guilford Press, 1991.)
- レノア・テア『恐怖に凍てつく叫び――トラウマが子どもに与える影響』西澤哲訳、金剛出版、2006年
  (Terr, L., *Too Scared To Cry: How Trauma Affects Children and Ultimately Us All.* New York, Basic Books, 1990.)
- 家庭裁判所調査官研修所『児童虐待が問題となる家庭事件の実証的研究――深刻化のメカニズムを探る』司法協会、2003年
- ジュディス・L・ハーマン『心的外傷と回復〈増補版〉』中井久夫訳、小西聖子解説、みすず書房、1999年
  (Herman, J.L., *Trauma and Recovery.* New York, Basic Books, 1992.)
- ビヴァリー・ジェームズ『心的外傷を受けた子どもの治療――愛着を巡って』三輪田明美・高畠克子・加藤節子訳、誠信書房、2003年
  (James, B., *Handbook for Treatment of Attachment-Trauma Problems in Children.* Lanham, Lexington Books, 1994.)
- フランク・W・パトナム『多重人格性障害――その診断と治療』安克昌・中井久夫共訳、岩崎学術出版社、2000年
  (Putnam, F. W., *Diagnosis and Treatment of Multiple Personality Disorder.* New York, Guilford Press, 1989.)
- ランディ・バンクロフト、ジェイ・G・シルバーマン『DVにさらされ

講談社現代新書　2076

子《こ》ども虐待《ぎゃくたい》

二〇一〇年一〇月二〇日第一刷発行　二〇二四年一二月三日第一〇刷発行

著　者　西澤《にしざわ》　哲《さとる》　©Satoru Nishizawa 2010

発行者　篠木和久

発行所　株式会社講談社

東京都文京区音羽二丁目一二―二一　郵便番号一一二―八〇〇一

電　話　〇三―五三九五―三五二一　編集（現代新書）

〇三―五三九五―五八一七　販売

〇三―五三九五―三六一五　業務

装幀者　中島英樹

印刷所　株式会社ＫＰＳプロダクツ

製本所　株式会社ＫＰＳプロダクツ

定価はカバーに表示してあります　Printed in Japan

N.D.C.146　242p　18cm

ISBN978-4-06-288076-3

「講談社現代新書」の刊行にあたって

教養は万人が身をもって養い創造すべきものであって、一部の専門家の占有物として、ただ一方的に人々の手もとに配布され伝達されうるものではありません。

しかし、不幸にしてわが国の現状では、教養の重要な養いとなるべき書物は、ほとんど講壇からの天下りや単なる解説に終始し、知識技術を真剣に希求する青少年・学生・一般民衆の根本的な疑問や興味は、けっして十分に答えられ、解きほぐされ、手引きされることがありません。万人の内奥から発した真正の教養への芽ばえが、こうして放置され、むなしく滅びさる運命にゆだねられているのです。

このことは、中・高校だけで教育をおわる人々の成長をはばんでいるだけでなく、大学に進んだり、インテリと目されたりする人々の精神力の健康さえもむしばみ、わが国の文化の実質をまことに脆弱なものにしています。単なる博識以上の根強い思索力・判断力、および確かな技術にささえられた教養を必要とする日本の将来にとって、これは真剣に憂慮されなければならない事態であるといわなければなりません。

わたしたちの「講談社現代新書」は、この事態の克服を意図して計画されたものです。これによってわたしたちは、講壇からの天下りでもなく、単なる解説書でもない、もっぱら万人の魂に生ずる初発的かつ根本的な問題をとらえ、掘り起こし、手引きし、しかも最新の知識への展望を万人に確立させる書物を、新しく世の中に送り出したいと念願しています。

わたしたちは、創業以来民衆を対象とする啓蒙の仕事に専心してきた講談社にとって、これこそもっともふさわしい課題であり、伝統ある出版社としての義務でもあると考えているのです。

一九六四年四月　野間省一

心理・精神医学

331 異常の構造——木村敏
590 家族関係を考える——河合隼雄
725 リーダーシップの心理学——国分康孝
824 森田療法——岩井寛
1011 自己変革の心理学——伊藤順康
1020 アイデンティティの心理学　鑪幹八郎
1044 〈自己発見〉の心理学　国分康孝
1241 心のメッセージを聴く　池見陽
1289 軽症うつ病——笠原嘉
1348 自殺の心理学——高橋祥友
1372 〈むなしさ〉の心理学　諸富祥彦
1376 子どものトラウマ——西澤哲
1465 トランスパーソナル心理学入門——諸富祥彦
1787 人生に意味はあるか　諸富祥彦
1827 他人を見下す若者たち　速水敏彦
1922 発達障害の子どもたち——杉山登志郎
1962 親子という病——香山リカ
1984 いじめの構造——内藤朝雄
2008 関係する女　所有する男——斎藤環
2030 がんを生きる——佐々木常雄
2044 母親はなぜ生きづらいか——香山リカ
2062 人間関係のレッスン　向後善之
2076 子ども虐待——西澤哲
2085 言葉と脳と心——山鳥重
2105 はじめての認知療法——大野裕
2116 発達障害のいま——杉山登志郎
2119 動きが心をつくる——春木豊
2143 アサーション入門——平木典子
2180 パーソナリティ障害とは何か——牛島定信
2231 精神医療ダークサイド　佐藤光展
2344 ヒトの本性——川合伸幸
2347 信頼学の教室——中谷内一也
2349 「脳疲労」社会——徳永雄一郎
2385 はじめての森田療法　北西憲二
2415 新版　うつ病をなおす　野村総一郎
2444 怒りを鎮める　うまく謝る　川合伸幸

哲学・思想Ⅰ

哲学・思想Ⅱ

宗教

27 禅のすすめ——佐藤幸治
135 日蓮——久保田正文
217 道元入門——秋月龍珉
606 「般若心経」を読む——紀野一義
667 生命《いのち》あるすべてのものに　マザー・テレサ
698 神と仏——山折哲雄
997 空と無我——定方晟
1210 イスラームとは何か——小杉泰
1469 ヒンドゥー教　クシティ・モーハン・セーン　中川正生 訳
1609 一神教の誕生——加藤隆
1755 仏教発見！——西山厚
1988 入門　哲学としての仏教　竹村牧男
2100 ふしぎなキリスト教——橋爪大三郎　大澤真幸
2146 世界の陰謀論を読み解く——辻隆太朗
2159 古代オリエントの宗教　青木健
2220 仏教の真実——田上太秀
2241 科学 vs. キリスト教——岡崎勝世
2293 善の根拠——南直哉
2333 輪廻転生——竹倉史人
2337 『臨済録』を読む——有馬頼底
2368 「日本人の神」入門——島田裕巳

Ⓒ

政治・社会

経済・ビジネス

世界の言語・文化・地理

日本史Ⅰ

1258 身分差別社会の真実——斎藤洋一／大石慎三郎
1265 七三一部隊——常石敬一
1292 日光東照宮の謎——高藤晴俊
1322 藤原氏千年——朧谷寿
1379 白村江——遠山美都男
1394 参勤交代——山本博文
1414 謎とき日本近現代史　野島博之
1599 戦争の日本近現代史　加藤陽子
1648 天皇と日本の起源　遠山美都男
1680 鉄道ひとつばなし——原武史
1702 日本史の考え方——石川晶康
1707 参謀本部と陸軍大学校　黒野耐
1797 「特攻」と日本人——保阪正康
1885 鉄道ひとつばなし2——原武史
1900 日中戦争——小林英夫
1918 日本人はなぜキツネにだまされなくなったのか　内山節
1924 東京裁判——日暮吉延
1931 幕臣たちの明治維新　安藤優一郎
1971 歴史と外交——東郷和彦
1982 皇軍兵士の日常生活　一ノ瀬俊也
2031 明治維新　1858-1881　坂野潤治／大野健一
2040 中世を道から読む——齋藤慎一
2089 占いと中世人——菅原正子
2095 鉄道ひとつばなし3——原武史
2098 戦前昭和の社会　1926-1945——井上寿一
2106 戦国誕生——渡邊大門
2109 「神道」の虚像と実像　井上寛司
2152 鉄道と国家——小牟田哲彦
2154 邪馬台国をとらえなおす——大塚初重
2190 戦前日本の安全保障——川田稔
2192 江戸の小判ゲーム——山室恭子
2196 藤原道長の日常生活　倉本一宏
2202 西郷隆盛と明治維新　坂野潤治
2248 城を攻める　城を守る——伊東潤
2272 昭和陸軍全史1——川田稔
2278 織田信長〈天下人〉の実像　金子拓
2284 ヌードと愛国——池川玲子
2299 日本海軍と政治——手嶋泰伸

Ⓖ

世界史I

世界史Ⅱ

959 東インド会社——浅田實

971 文化大革命——矢吹晋

1085 アラブとイスラエル 高橋和夫

1099 「民族」で読むアメリカ 野村達朗

1231 キング牧師とマルコムX 上坂昇

1306 モンゴル帝国の興亡〈上〉——杉山正明

1307 モンゴル帝国の興亡〈下〉——杉山正明

1366 新書アフリカ史——宮本正興・松田素二 編

1588 現代アラブの社会思想 池内恵

1746 中国の大盗賊・完全版——高島俊男

1761 中国文明の歴史——岡田英弘

1769 まんが パレスチナ問題 山井教雄

1811 歴史を学ぶということ 入江昭

1932 都市計画の世界史——日端康雄

1966 〈満洲〉の歴史——小林英夫

2018 古代中国の虚像と実像 落合淳思

2025 まんが 現代史——山井教雄

2053 〈中東〉の考え方——酒井啓子

2120 居酒屋の世界史——下田淳

2182 おどろきの中国 橋爪大三郎・大澤真幸・宮台真司

2189 世界史の中のパレスチナ問題 臼杵陽

2257 歴史家が見る現代世界 入江昭

2301 高層建築物の世界史 大澤昭彦

2331 続 まんが パレスチナ問題 山井教雄

2338 世界史を変えた薬 佐藤健太郎

2345 鄧小平——エズラ・F・ヴォーゲル 聞き手＝橋爪大三郎

2386 〈情報〉帝国の興亡——玉木俊明

2409 〈軍〉の中国史——澁谷由里

2410 入門 東南アジア近現代史 岩崎育夫

2445 珈琲の世界史——旦部幸博

2457 世界神話学入門——後藤明

2459 9・11後の現代史 酒井啓子

J

自然科学・医学

1141 安楽死と尊厳死——保阪正康
1328 「複雑系」とは何か——吉永良正
1343 カンブリア紀の怪物たち　サイモン・コンウェイ・モリス　松井孝典 監訳
1500 科学の現在を問う　村上陽一郎
1511 優生学と人間社会——米本昌平 松原洋子 橳島次郎 市野川容孝
1689 時間の分子生物学——粂和彦
1700 核兵器のしくみ——山田克哉
1706 新しいリハビリテーション　大川弥生
1786 数学的思考法——芳沢光雄
1805 人類進化の700万年　三井誠
1813 はじめての〈超ひも理論〉　川合光
1840 算数・数学が得意になる本　芳沢光雄
1861 〈勝負脳〉の鍛え方——林成之
1881 「生きている」を見つめる医療——中村桂子 山岸敦
1891 生物と無生物のあいだ　福岡伸一
1925 数学でつまずくのはなぜか　小島寛之
1929 脳のなかの身体——宮本省三
2000 世界は分けてもわからない　福岡伸一
2023 ロボットとは何か——石黒浩
2039 ソーシャルブレインズ入門　藤井直敬
2097 〈麻薬〉のすべて——船山信次
2122 量子力学の哲学——森田邦久
2166 化石の分子生物学——更科功
2191 DNA医学の最先端　大野典也
2204 森の力——宮脇昭
2219 宇宙はなぜこのような宇宙なのか——青木薫
2226 宇宙生物学で読み解く「人体」の不思議——吉田たかよし
2244 呼鈴の科学——吉田武
2262 生命誕生——中沢弘基
2265 SFを実現する——田中浩也
2268 生命のからくり——中屋敷均
2269 認知症を知る——飯島裕一
2292 認知症の「真実」——東田勉
2359 ウイルスは生きている　中屋敷均
2370 明日、機械がヒトになる　海猫沢めろん
2384 ゲノム編集とは何か　小林雅一
2395 不要なクスリ 無用な手術　富家孝
2434 生命に部分はない——A・キンブレル 福岡伸一 訳

日本語・日本文化